Otmar Kuttenkeuler · Bernhardiner

VDH

Herausgegeben unter dem Patronat
des Verbandes für das Deutsche
Hundewesen e. V., 4600 Dortmund

Otmar Kuttenkeuler

Bernhardiner

Der Langhaar- und Stockhaar-Bernhardiner

Praktische Ratschläge für Haltung,
Pflege und Erziehung

3., neubearbeitete Auflage
Mit 34 Abbildungen, davon 5 farbig

Verlag Paul Parey · Hamburg und Berlin

Die Kapitel „Ernährung" und „Gesundheit" wurden
von Dr. med. vet. Peter Brehm verfaßt.

Weitere Bände in der Reihe „Dein Hund"

**Der Afghane • Airedaleterrier • Der Basset • Der Beagle • Bearded Collie • Berner
Sennenhunde • Bouvier des Flandres • Der Bobtail • Der Boxer • Der Bullterrier • Der
Cairn Terrier • Der Chihuahua • Der Chow-Chow • Collie und Sheltie • Der Dackel •
Der Dalmatiner • Der Dobermann • Die Dogge • Der Foxterrier • Golden und
Labrador Retriever • Greyhound • Große Münsterländer • Der Hovawart • Der
Kromfohrländer • Der Leonberger • Mischlingshunde • Der Mops • Neufundländer •
Der Pekingese • Pinscher und Schnauzer • Der Pudel • Der Riesenschnauzer • Der
Rottweiler • Der Deutsche Schäferhund • Schlittenhunde • Setter und Pointer • Der
Spaniel • Der Spitz • Terrier • Ungarische Hirtenhunde • West Highland White Terrier
• Der Yorkshire Terrier • Dein Hund auf Ausstellungen • Dein Hund im Recht**

CIP-Kurztitelaufnahme der Deutschen Bibliothek

Kuttenkeuler, Otmar:
Bernhardiner : der Langhaar- und Stockhaar-Bernhardiner ;
praktische Ratschläge für Haltung, Pflege und Erziehung /
Otmar Kuttenkeuler. [Die Kap. „Ernährung" und „Gesundheit"
wurden von Peter Brehm verf.] – 3. neubearb. Aufl., 13.–16.
Tsd. – Hamburg ; Berlin : Parey, 1989
    (Dein Hund)
    ISBN 3-490-37512-2

    1.– 6. Tausend 1978
    7.–12. Tausend 1980 (Neubearbeitung)
13.–16. Tausend 1989 (Neubearbeitung)

© 1989 Verlag Paul Parey, Hamburg und Berlin
Anschriften: Spitalerstraße 12, D-2000 Hamburg 1; Lindenstraße 44–47, D-1000 Berlin 61
Umschlaggestaltung: Evelyn Fischer, Hamburg
Satz: Boyens & Co., D-2240 Heide/Holst.
Druck: Druck- + Verlagshaus Wienand, D-5000 Köln
Printed in Germany

ISBN 3-490-37512-2

Vorwort

Dieses Buch ist geschrieben, um allen Zweibeinern behilflich zu sein, die, wie ich, den Bernhardiner lieben, die aber auf der Suche nach einem solchen zu oft an die falschen „Bernhardiner" geraten.

Es zeigt die Möglichkeiten, aber auch die Grenzen einer artgerechten Hundehaltung auf, gibt dem Interessenten wertvolle Tips zum Kauf wie zur Haltung und bringt das Wesentliche über Fütterung und Behandlung von Krankheiten.

So ist denn dieses Buch bestens geeignet, dem jungen Bernhardiner den Weg vom Züchter in die neue Familie zu erleichtern.

Die zahlreichen Nachfragen in den letzten Monaten nach einem Bernhardiner und nach einem entsprechenden Buch haben gezeigt, daß unsere Rasse immer mehr in den Blickpunkt eines breit gefächerten Interessentenkreises gerät.

Dem Verlag wie dem Autor sei herzlich gedankt, zur rechten Zeit die bestehende Lücke auf dem deutschen Büchermarkt geschlossen zu haben, und so kann ich zum Wohle unserer Bernhardiner auf eine gute Aufnahme dieses Buches hoffen.

Neuss, im Juni 1978   Johannes Titz

Vorwort zur 3. Auflage

Daß dieses Buch in die 3. Auflage gehen kann, ohne in wesentlichen Punkten geändert werden zu müssen, zeigt, daß die Auffassungen des Autors nach wie vor ihre Gültigkeit haben; zeigt aber auch, daß der Bernhardiner zwar kein Modehund geworden ist, aber trotzdem viele Interessenten anspricht ob seiner Größe und seines ausgewogenen Charakters. Dem Buch wie der Rasse wünsche ich weiterhin beste Verbreitung.

Juli 1989   Ruth Naescher

Dankeschön

möchte ich denen sagen, die mir mit Rat oder Tat geholfen haben, das vorliegende Buch zu schreiben oder zu gestalten.

Erwähnen möchte ich besonders Frau Renate Kocksch – Zwinger „Exlibertate Helvetiae" –, die mir ihre umfangreiche Literatur unentgeltlich zur Verfügung stellte.

Dank aber auch den verantwortlichen Herren des St.-Bernhards-Klubs e. V., die mich zum Schreiben dieses Buches ermutigt haben.

Besonderer Dank gilt meiner Frau, die meine Vernarrtheit in die Bernhardiner, aber auch alle Freuden und Leiden mit diesen teilt.

Für die Überlassung des abgedruckten Bildmaterials danke ich allen nachstehend genannten Damen und Herren.

Köln, im Sommer 1989   Otmar Kuttenkeuler

Bildnachweis

Titelbild:	Rolf Hinz, 2000 Wedel
Seiten 10, 12, 13	Dr. A. Morsiani, Bagnara, Di Romagna, Italien
Seiten 15, 17, 25, 34, 38, 44, 47, 54, 61, 69, 79, 93	Otmar Kuttenkeuler, 5000 Köln 80
Seiten 18, 20, 30, 31	Wolfgang Freyer, 5000 Köln
Seiten 21, 24, 40	Gerda und Gerhard Mayer, 7333 Ebersbach
Seite 22	Renate Kocksch, 6501 Wörrstadt
Seiten 27, 33	Johannes Tervooren, 4150 Krefeld-Bockum
Seiten 37, 42, 50, 66	Uschi Voss, 5090 Leverkusen 1
Seiten 48, 72	Günter Voss, 5090 Leverkusen 1
Seiten 53, 71	Herbert Kasten, 2990 Papenburg 1
Seite 58	Margot Rosarius und Dieter Wilsing, 5000 Köln 80

Inhalt

Über die Geschichte des St.-Bernhard-Hundes

Die Urahnen

„Der Bernhardiner gehört zu den doggenartigen Hunden!" Mit diesen Worten begann Prof. Dr. Albert Heim seinen Vortrag am 23. 4. 1927 in Bern anläßlich eines Bernhardiner-Richterkurses. Er führte weiter aus, daß die Römer über die Alpen Hunde in das Gebiet der heutigen Schweiz mitbrachten. Diese römischen Hunde, „die Molosser", bezeichnete er als die Ahnherren der Bernhardiner.

Dr. Hans Räber, einer der führenden lebenden Schweizer Kynologen, widerspricht dieser Theorie sehr energisch. Er behauptet, daß die Herkunft der Hospizhunde im Dunkeln liege. Er bezeichnet sie „als einen Ast vom riesigen Baum des weitverbreiteten großen Alpenhundes, der großen Hirten- und Bauernhunde".

Solange keine der verschiedenen Theorien durch entsprechende Knochenfunde gesichert wird, darf man nicht sagen, der Molosser oder die Tibetdogge seien die Urahnen des Bernhardiners. Solange ausschließlich Bildmaterial oder Schriften für eine Beweisführung herangezogen werden, muß der „König der Alpen", wie der Bernhardiner oft genannt wird, als Hunderasse ohne eindeutig definierte Urahnen gelten.

Die Hospizhunde

Man kann nicht über Bernhardiner oder St.-Bernhards-Hunde, wie sie früher genannt wurden, schreiben, ohne einige Worte über das auf der Paßhöhe liegende Hospiz zu verlieren.

Die Römer hatten schon im Jahre 47 v. Chr. einen gepflasterten Pfad über die Alpen gebaut, der heute der „Große St.-Bernhards-Paß" genannt wird.

Etwa 950 nach Chr. wurden der römische Jupitertempel sowie die Schutzhäuser an der Paßhöhe von den Sarazenen zerstört. Die Legende berichtet, daß um 980 der Augustinermönch „Bernhard von

9

Menthon" das Hospiz gegründet haben soll. Der Übergang über den Mont Joux, wie der heutige Große St. Bernhard hieß, wurde nicht nur Handels-, sondern auch Pilgerweg.

Der Prior Ch. Lugon fand in den Hospizarchiven bis in die zweite Hälfte des 17. Jahrhunderts weder Bilder noch Schriftstücke, die das Vorhandensein von Hunden bezeugten. Räber bemerkt, „wären sie vorhanden gewesen, so hätte man in der zwischen 1611 und 1614 verfaßten Beschreibung der Dienstleistungen der Ordensleute sicher von ihnen berichtet".

Ein Bild im Hospiz aus dem Jahre 1695 zeigt einen Bernhardiner. 1707 meldet die erste Archivnotiz über Hunde: „Ein Hund wurde uns verschüttet."

Aus der weiteren Geschichte der Hunde auf dem Hospiz werden im folgenden einige Punkte herausgegriffen: 1787 wehrten die Hunde eine Einbrecherbande ab.

Zwischen 1788 und 1800 überschritten etwa 200 000 Soldaten den Paß, im Mai 1800 Napoleon mit einem Heer von 30 000 bis 40 000 Mann. Es lag noch hoher Schnee, es gab viele Hilfsbedürftige und Tote. Von den Mönchen wurden Begleit- und Suchhunde eingesetzt,

10

Gemälde von 1834

die sich in dieser Zeit als Lebensretter einen Namen machten. 1800 bis 1812 lebte im Hospiz der bis in die heutige Zeit sagenumwobene BARRY. Er soll etwa 40 Menschen das Leben gerettet haben. Die rührende Legende, nach der Barry einen kleinen, im Schnee liegenden Jungen durch intensives Belecken weckte und ihn dann bewog, sich auf seinen Rücken zu setzen, um ihn zum Hospiz zu tragen, ging in alle Welt und verbreitete den Ruhm der Rasse. Leider ist diese Geschichte bis heute nicht bewiesen worden. Im Jahre 1814 starb Barry in Bern an Altersschwäche.

Barry war Vertreter einer Rasse, für die es noch keinen einheitlichen Namen gab. Die Engländer nannten die Hunde vom Hospiz „heilige Hunde" oder „St.-Bernards-Mastif". Im Kanton Bern hießen sie noch bis 1860 „Barryhüng". „Sogenannte St.-Bernhards-Hunde" werden sie noch 1823 genannt. Erst seit 1865 wird der Name „Bernhardiner" gebräuchlich.

Bis 1856 gab es nur den stockhaarigen (kurzhaarigen) Bernhardiner, doch in diesem Jahr wurde erstmals auf dem Hospiz eine Einkreuzung mit Neufundländern vermerkt. Seit dieser Zeit gibt es die langhaarigen Bernhardiner. Sie wirken dekorativer und mächtiger als die stockhaarigen, und so ist es denn nicht verwunderlich, daß der langhaarige heute wesentlich öfter anzutreffen ist als der kurzhaarige.

Exakt beweisen läßt sich die Annahme, daß der langhaarige Bernhardiner durch Einkreuzung von Neufundländern entstanden ist, nicht. Fest steht aber, daß die Mönche die langhaarigen als für den Bergdienst unbrauchbar erkannten und diese Hunde an hochstehende Persönlichkeiten verschenkten oder auch verkauften (u. a. an den Grafen Pourtales, die Grafen von Rougemont, den Oberst Ris zu Bern oder an die russische Großfürstin Ann Feodorovna, um nur wenige zu nennen).

Anfang der Reinzucht

Aus der Nachzucht des Grafen v. Rougemont in Löwenberg bei Murten stammt das Zuchtpaar, mit dem ein Metzger und Gastwirt aus Holligen bei Bern, Heinrich Schumacher, seine Zucht aufbaute. Schumacher gilt als der Begründer der modernen Bernhardinerzucht. Der genaue Beginn dieser Zucht läßt sich nicht nachweisen. Doch 1867 erreichten die von ihm gezogenen Hunde Sultan I und Favorite I auf der Weltausstellung in Paris bereits Goldmedaillen.

Schumacher orientierte seine Zucht an dem Hospiztyp. Er bezog Zuchttiere aus dem Hospiz, und das Hospiz nahm Schumacher-Hunde zur Zucht. Da Schumachers Idealhund Barry I stockhaarig war, züchtete er konsequent nur stockhaarige Hunde. 1890 gab Schumacher die Zucht auf, deprimiert, weil jüngere Züchter einen neuen Typ herausbrachten und nicht, gleich ihm, dem Hospiztyp den Vorzug gaben.

In einem Brief an die neugegründete Schweizerische Kynologische Gesellschaft (SKG) schrieb er 1884 u. a. folgendes: „Mein einziges Prinzip in der Zucht bestand einfach darin, möglichste Ähnlichkeit in Behaarung und Körperbau mit dem berühmten Barry des bernischen Museums zu erzielen, dabei die Intelligenz und Lebhaftigkeit zu berücksichtigen, was bedingt, daß meine Hunde Supraorbitalrand besitzen, daß sie breiten Schädel, Nacken und Augen, schmalen Nasenrücken, tiefhängende Lippen und Wamme, sehr starken Nasenschwamm, welcher starken Geruchssinn und Intelligenz andeutete und bewies, die richtige Behaarung, breite und tiefe Brust, kurzen Körper und hohe Läufe (wie beim Pferd, nicht wie beim Rind) haben mußten. Die Meinungen der modernen Züchter und deren Richtungen, welche mich überflügelten, aber nicht des Besseren überzeugten, gingen dahin, auf enorme Größe und Stärke, ungeheure Köpfe, kurz, rund und dick zu züchten, wodurch sie zu Masthunden wurden und dadurch leider die Intelligenz und Lebhaftigkeit einbüßten. Es sind wahre Schau- und Ausstellungsexemplare geworden, aber wo sind nun die wahren St.-Bernhards-Hunde; ich lasse mich nicht bekehren . . ."

Da aber die Kaufinteressenten wie Ausstellungsbesucher den langhaarigen, mit schwerem, kantigen Schädel versehenen Typ dem leichten, langschnauzigen und kurzhaarigen vorzogen, mußte er zwangsweise unterliegen.

1887 fand in Zürich ein Kongreß statt, auf dem es gelang, die bisweilen weit auseinandergehenden Vorstellungen zu vereinheitlichen. Der von den Schweizer Züchtern, den Herren Dr. Th. Künzli, Max Silber und E. Bauer, aufgestellte Standard wurde, mit Ausnahme von England, als der alleinige Standard anerkannt. Seit dieser Zeit gilt der Bernhardiner als schweizerische Rasse.

Heute müssen alle Züchter, die einem der F.C.I. unterstellten Bernhardinerklub angehören, nach diesem Standard züchten. Nur die Bernhardiner, die aus einer Zucht stammen, deren Besitzer in der Lage ist, die entsprechenden Abstammungsnachweise mitzugeben, werden als reinrassig anerkannt.

Der langhaarige Int. CH.
„Anton von Höfli"
aus Schweizer Zucht

13

In Deutschland ist als alleinige Vertretung für den Bernhardiner der St. Bernhards-Klub e. V., Sitz in München, zuständig; in der Schweiz ist es der Schweizerische St.-Bernhards-Klub. Diese beiden Klubs geben in ihren Ländern die zu jedem Bernhardiner gehörenden Abstammungsnachweise, auch Stammbäume genannt, heraus.

Der St.-Bernhard-Klub e. V., Sitz in München

Wohl wissend, daß die Tierzucht und hier speziell die Zucht der großen, mächtigen Bernhardiner ein Bereich so intensiver Arbeit ist, daß einzelne trotz Begeisterung und Opferwilligkeit ohne gegenseitige Unterstützung nichts auf Dauer leisten und erreichen können, was der Fortentwicklung der Rasse dienlich ist, haben gegen Ende des 19. Jahrhunderts einige Freunde der Rasse Versuche unternommen, in Deutschland einen Zusammenschluß der Züchter und Liebhaber zu erreichen.

Dies gelang nach mehrmaligen Anläufen am 11. Mai 1891 im Münchener Rasthaus „Zum Rappen". Es erklärten 60 Personen ihren Beitritt zum dort gegründeten „St.-Bernhards-Klub", und zwar dreißig aus Bayern und Württemberg, zwölf aus Norddeutschland, sieben aus Mitteldeutschland, drei aus Österreich, eine aus Rußland und acht aus der Schweiz. Mit Rücksicht darauf, daß dreiviertel aller Mitglieder aus dem süddeutschen Raum kamen, wurde der Sitz des Klubs nach München verlegt.

Die vorrangigen Ziele des Klubs sollten sein: Beteiligung an Ausstellungen, Nachweis von rassereinen Bernhardinern, Vermittlung von Welpen und Deckrüden, Herausgabe einer Broschüre über den St.-Bernhards-Hund, Ausbildung und Benennung von Richtern, wie überhaupt alles, was zur Hebung der Rasse beitragen könnte. Die Herausgabe eines Spezialzuchtbuches wurde in Aussicht gestellt.

Im Jahre 1894 erschien dann der erste Band des Zuchtbuches, für den Dr. Zeppenfeld, München, verantwortlich zeichnete.

Im Band II, welcher 1897 erschien, wurden bereits 345 Bernhardiner registriert. Auch weiterhin folgten diese Zuchtbücher, die einen genauen Stand der deutschen Bernhardinerzucht widerspiegeln. Der zuletzt erschienene Band vom Jahre 1988 enthält die Eintragungen von 412 Welpen. Insgesamt sind bis Ende 1988 43 878 Bernhardiner als anerkannt reinrassige Hunde in die fortlaufenden Bände des Zuchtbuches eingetragen worden.

14

Muß ich denn
spazierengehen?
(Gregor v. d. Kutten-Kuhle)

   Viele, viele Männer und Frauen haben sich um die Zucht des Bernhardiners große Verdienste erworben. Ich würde ihnen allen nicht gerecht werden, wollte ich einige von ihnen namentlich aufzählen, dabei andere, nicht minder verdiente Personen, vergessen. Ihnen allen gilt der tiefempfundene Dank aller wahren Bernhardinerfreunde, Züchter wie Liebhaber. Sie haben uns zu einer Hochzucht geführt, deren Hunde auf den verschiedensten Ausstellungen, die auf europäischem Boden ausgetragen werden, auf den vordersten Plätzen stehen. Den Züchtern der Gegenwart ist die sehr schwere Aufgabe gestellt, durch sehr sorgfältige Zuchtauswahl das Erworbene zu erhalten, wenn möglich zu verbessern.

Standard-Rassekennzeichen
(mit Kommentar)

Der kurzhaarige Bernhardiner

Allgemeine Erscheinung. Kräftige, hohe, in allen Teilen stramme, muskulöse Figur mit mächtigem Kopf und höchst intelligentem Gesichtsausdruck. Bei Hunden mit dunkler Maske erscheint der Ausdruck ernster, doch nie bösartig.

Kopf. Wie der ganze Körper sehr kräftig und achtungsgebietend. Der starke Oberkopf ist breit, etwas gewölbt und geht seitlich in sanfter Rundung in die sehr kräftig entwickelten hohen Backenteile über. Das Hinterhauptbein ist nur mäßig entwickelt. Der Supraorbitalrand ist sehr entwickelt und bildet mit der Längsachse des Kopfes annähernd einen rechten Winkel. Zwischen den beiden Supraorbitalbögen, an der Schnauzenwurzel tief einschneidend beginnend und gegen den Ansatz des Hinterhauptbeines allmählich seichter werdend, zieht sich eine namentlich in der vorderen Hälfte kräftig markierte Furche über den ganzen Oberkopf. Die seitlichen Linien vom äußeren Augenwinkel zum Hinterkopf laufen nach hinten ziemlich stark auseinander. Die Stirnhaut bildet über dem Supraorbitalbogen gegen die Stirnfurche sich einander nähernde, mehr oder weniger deutlich ausgesprochene, ziemlich starke Falten, die besonders im Affekt stärker hervortreten, jedoch nichts weniger als den Eindruck des Finsteren bewirken. Der Oberkopf geht plötzlich und ziemlich steil abfallend in die Schnauzenteile über. Die Schnauze ist kurz, nicht verjüngt, und der senkrechte Durchschnitt an der Schnauzenwurzel muß größer sein als die Länge der Schnauze. Der Schnauzenrücken ist nicht gewölbt, sondern gerade, bei manchen guten Hunden leicht durchgebrochen. Von der Schnauzenwurzel führt über den Schnauzenrücken eine ziemlich breite, deutlich ausgesprochene seichte Rinne zur Nase. Die Lefzen des Unterkiefers dürfen nicht niederhängen, denn eine zu saftige Schnauze mit zu tiefen Hängelefzen ist nahezu ebenso verwerflich wie eine Spitzschnauze. Das Gebiß ist im Verhältnis zur Gestal-

Weltsiegerin, Int. CH., Dt. CH., BSg. „Herta vom Roten Kreuz"

tung des Kopfes nur mäßig stark entwickelt. Die Zähne sollen gut aufeinanderpassen, doch ist ein leichtes Vorbeißen des Unterkiefers, wobei sich die Zähne des Ober- und Unterkiefers berühren müssen, wie es nahezu alle Hospizhunde jetzt zeigen, gestattet; verwerflich ist dagegen ein zurückstehender Unterkiefer, da er den Charakter des Kopfbildes total, und zwar zu seinen Ungunsten verändert. Ein schwarzer Rachen ist erwünscht. Die Nase ist sehr kräftig, breit, vorn und an den Seiten im rechten Winkel nach unten abfallend, mit weitgeöffneten Nasenlöchern und wie die Lefzen stets schwarz; helle oder gesprenkelte Nase gilt als fehlerhaft.

Ohren. Der Behang ist mittelgroß, ziemlich hoch angesetzt, am Ansatz mit sehr kräftig entwickeltem Muskel leicht abstehend dann in scharfer Biegung seitlich abfallend und ohne jede Drehung der Kopfform sich anschmiegend. Der Oberlappen ist zart und bildet ein abgerundetes, nach der Spitze hin wenig verlängertes Dreieck, dessen vorderer Rand fest am Kopf anliegt, während der hintere besonders

17

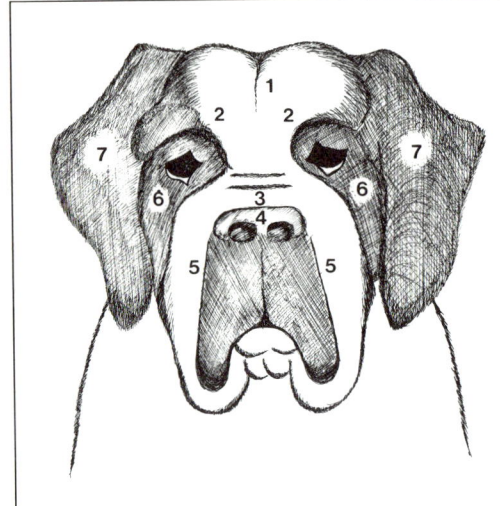

Frei nach Dr. A. Morsiani

1 Stirnfurche/Stop
2 Supraorbitalbogen
3 Nasenrücken
4 Nasenschwamm
5 Lefzen
6 Backen
7 Behang/Ohr

bei aufmerksamer Haltung etwas abstehen darf. Schwach angesetzte Behänge, die sich an ihrer Ansatzlinie sowie dem Kopfe anschmiegen, geben demselben ein ovales, zu wenig markantes Aussehen, während der kräftig entwickelte Ansatz des Behanges ihm eine mehr eckige, breitere Oberkopfpartie und ein viel ausdrucksvolleres Aussehen verleiht.

Augen. Die Augen stehen mehr nach vorn als nach den Seiten, haben einen klugen, freundlichen Ausdruck, liegen mäßig tief, die unteren Lider schließen in der Regel nicht vollkommen und bilden dann gegen die inneren Augenwinkel eckige Falten. Die Farbe des Auges ist braun, doch soll ein etwas helleres Auge, wie es häufig bei Hospizabkömmlingen zu finden ist, nicht gerade disqualifizieren (unter zwei sonst gleich guten Hunden ist der mit dunkleren Augen vorzuziehen); dagegen ist, wie schon erwähnt, hauptsächlich auf den Ausdruck zu achten: dieser soll niemals zu scharf, „metzgerhundeartig" sein und muß dem Gesicht einen ernsthaften, doch absolut nicht bösartigen, ich möchte sagen, „ruhig-würdigen" Charakter verleihen. Zu tief hängende Lider mit auffällig hochgeröteter wulstiger Bindehautfalte sind fehlerhaft.

Hals. Hoch angesetzt, sehr kräftig, wird im Affekt steil, sonst aber waagerecht oder leicht gesenkt getragen. Der Übergang vom Kopf zum

Nacken ist durch eine deutliche Furche gekennzeichnet. Der Nacken ist sehr muskulös und seitlich gewölbt, wodurch der Hals ziemlich kurz erscheint. Gut ausgebildete Kehl- oder Halswamme, doch ist zu starke Entwicklung hier nicht erwünscht.

Brust und Schultern. Brustkorb sehr gut gewölbt, mäßig tief, soll nicht über die Ellenbogen hinabreichen. Die Schultern sind schräg gestellt und sehr breit, sehr muskulös und kräftig. Der Widerrist (höchster Punkt des Schultergelenkes) ist stark ausgeprägt.

Rumpf. Der Rücken ist sehr breit, nur in der Lendengegend ganz leicht gewölbt, sonst bis zur Hälfte vollkommen gerade. Von der Hüfte zur Kruppe sanft abfallend und unvermerkt in die Rutenwurzel übergehend. Der Bauch ist von der sehr kräftigen Lendengegend deutlich abgesetzt und nur wenig aufgezogen.

Rute. Die Rute, unvermittelt aus der Kruppe breit und kräftig entspringend, ist lang und sehr schwer. Sie endet in kräftiger Spitze und wird in der Ruhe gerade herabhängend, nur im unteren Drittel leicht aufwärts gekrümmt, getragen. Von einer großen Anzahl von Hunden wird die Rute an der Spitze leicht umgebogen getragen (wie von früheren Hospizhunden nach älteren Gemälden) und ist daher f-förmig hängend.

Im Affekt tragen alle Hunde die Rute mehr oder weniger stark nach oben gebogen, doch darf sie nicht zu steil oder gar über den Rücken gerollt getragen werden. Leichtes Umrollen der Rutenspitze ist noch eher gestattet.

Vorderläufe. Gerade und stark, Oberarme sehr kräftig und außerordentlich muskulös.

Hinterläufe. Die ganze Hinterhand gut entwickelt, Keulen sehr stark bemuskelt. Die Hinterläufe in den Sprunggelenken mäßig gebogen, je nach der Entwicklung der einfachen oder doppelten Wolfsklauen (die heute gleich nach der Geburt entfernt werden) an den Füßen mehr oder weniger nach außen gedreht, was nicht mit kuhhessig (nach innen gedrehte Sprung- bzw. Fußgelenke) zu verwechseln ist.

Pfoten. Breit, mäßig geschlossen, mit kräftigen, ziemlich stark gewölbten Zehen. Die einfachen oder doppelten Afterklauen (sofern noch vorhanden) tief angesetzt, so daß sie fast mit der Sohlenfläche in gleicher Höhe stehen. Diese Wolfs- oder Afterklauen sind unvollkommen entwickelte Zehen und haben für den Gebrauch wie auch für die Beurteilung des Hundes keinen Wert.

19

Behaarung. Sehr dicht, stockhaarig oder langhaarig, glatt anliegend, derb, aber nicht rauh beim Anfühlen. Die Keulen sind leicht behost (lange, dichte Haare), die Rute in der Mitte länger und dichter, gegen die Spitze allmählich weniger lang behaart. Die Rute erscheint buschig, keine Fahne bildend.

Farbe. Weiß mit Rot oder Rot mit Weiß, das Rot in seinen verschiedenen Abstufungen. Unbedingt nötige Abzeichen sind: weiße Brust, Pfoten, Rutenspitze, Nasenband und Halsband; Genickfleck und Blesse sind sehr erwünscht. Niemals einfarbig oder ohne Weiß. Fehlerhaft sind alle anderen Farben außer der sehr beliebten dunklen Verbrämung am Kopfe (Maske) und den Behängen.

Größe. Die Schulterhöhe des Rüden, mit Galgenmaß gemessen, soll mindestens 70, die der Hündin 65 cm betragen. Die weiblichen Tiere

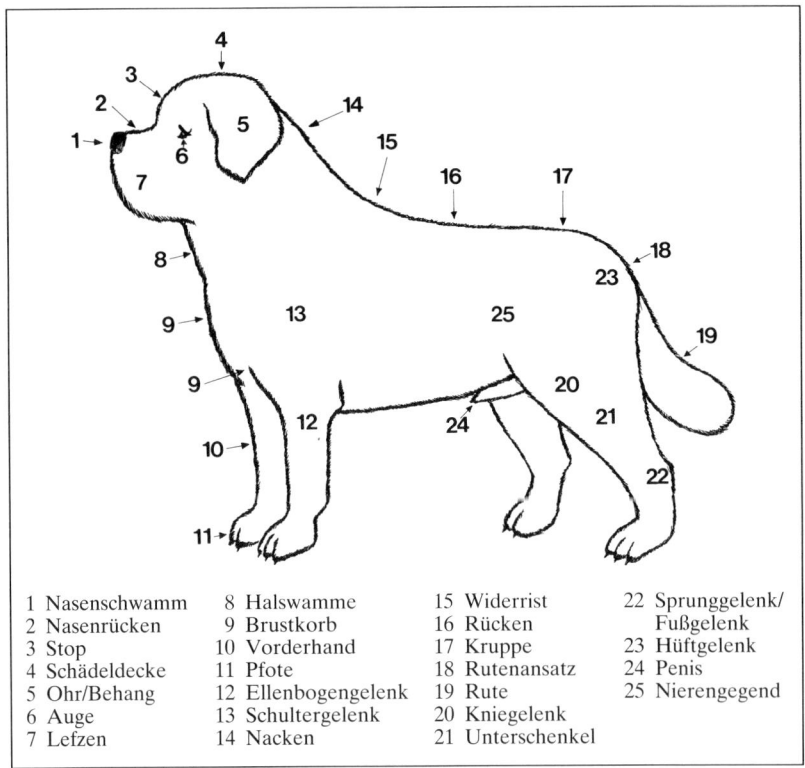

1 Nasenschwamm	8 Halswamme	15 Widerrist	22 Sprunggelenk/
2 Nasenrücken	9 Brustkorb	16 Rücken	Fußgelenk
3 Stop	10 Vorderhand	17 Kruppe	23 Hüftgelenk
4 Schädeldecke	11 Pfote	18 Rutenansatz	24 Penis
5 Ohr/Behang	12 Ellenbogengelenk	19 Rute	25 Nierengegend
6 Auge	13 Schultergelenk	20 Kniegelenk	
7 Lefzen	14 Nacken	21 Unterschenkel	

Bin ich kein feiner Bursche? (Boß v. d. Torpedo-Stadt)

sind durchweg zarter und feiner gebaut. Als fehlerhaft sind alle mit den vorstehenden Rassekennzeichen nicht übereinstimmenden Abweichungen zu betrachten.

Der langhaarige Bernhardiner

Der langhaarige Hund ist vollkommen der gleiche wie der stockhaarige, mit alleiniger Ausnahme der Behaarung, welche nicht stockhaarig, sondern mittellang, schlicht bis leicht gewellt, nie gerollt oder gekräuselt und ebensowenig langzottig sein darf. Gewöhnlich ist das Haar auf dem Rücken, namentlich in der Gegend der Hüften bis zur Kruppe, etwas stärker gewellt, was übrigens leicht angedeutet auch bei dem stockhaarigen Hunde der Fall ist.

Die Rute ist buschig, stark, doch mäßig lang behaart. Gerolltes oder gelocktes Haar an der Rute ist nicht erwünscht, gescheitelte oder Fahnenrute (die Haare hängen fahnenartig herunter) ist fehlerhaft.

Gesicht und Behang sind kurz und weich behaart, länger entwickeltes Seidenhaar am Ansatz gestattet, beziehungsweise fast stets sozusagen als Norm vorkommend.

Vorderläufe sind nur leicht befedert, an den Keulen stark entwickelte Hosen.

Fehlerhaft sind vor allem Bildungen, welche an Neufundländerkreuzungen erinnern, wie zum Beispiel Senkrücken und unverhältnismäßig langer Rücken, zu stark durchgebogene Sprunggelenke und mit aufrechtstehenden Haaren besetzte Zehenzwischenräume.

Heidi mit Fäßchen

Können wir einen Bernhardiner kaufen?

Wie es die Erfahrung vieler Züchter zeigt, sind leider viele „Bernhardinerliebhaber" geneigt, diese Frage allzu schnell und ohne intensive Gewissenserforschung zu bejahen. Gründe für den Kauf werden mannigfaltig aufgeführt. Er soll Haus und Hof bewachen und beschützen, ohne dabei ein Beißer zu sein.

Weil groß und mächtig, scheint er das ideale Statussymbol darzustellen. Da überall als besonders kinderlieb beschrieben, soll er zu Weihnachten den Kindern als Spielkamerad unter den Tannenbaum gelegt werden.

Diese und ähnliche Äußerungen geben Zeugnis davon, daß die wesentlichen Charaktereigenschaften des Bernhardiners richtig erkannt sind. Ob diese seit Jahrhunderten vererbten Charaktereigenschaften voll zur Entfaltung gelangen, hängt aber entscheidend von der Art der Haltung ab.

Ein Kauf ist eine einmalige Angelegenheit, die artgerechte Haltung erstreckt sich aber über das ganze Leben des Hundes. Im allgemeinen lebt ein Bernhardiner acht bis zehn Jahre.

Jeder Liebhaber unserer Rasse sollte die folgenden Überlegungen gründlich durchlesen, die dort aufgezeigten Möglichkeiten der Haltung mit den eigenen häuslichen Gegebenheiten vergleichen und dann erst die Entscheidung über Kauf oder Nichtkauf eines Bernhardiners im Kreise seiner Familie treffen.

Der Bernhardiner in der Etagenwohnung

Es gibt einen Richtsatz, der lautet: „Je größer der Hund, desto weniger ist er geeignet, in einer Etagenwohnung gehalten zu werden." Nun darf man nicht alle Etagenwohnungen über einen Kamm scheren und durchweg ablehnen. Die auf der ersten Etage gelegene Wohnung eines Zweifamilienhauses mit großem Balkon ist anders zu bewerten als die im achten Stockwerk eines Hochhauses ohne Balkon, die zudem normalerweise nur mit Aufzug zu erreichen ist. Entscheidend ist in jedem Falle nicht so sehr die Größe der Gesamtwohnung, sondern die

23

Größe und Beschaffenheit des dem Hunde zugeteilten Raumes, in dem er für sich sein kann, der sein engstes Revier ist.

Der Bernhardiner ist zwar, was sein Bewegungsbedürfnis angeht, nicht mit dem quirligen Setter oder auch Schäferhund zu vergleichen, doch täglicher Auslauf muß auch ihm geboten werden, schon allein um seine Verdauung zu regulieren und um auf einem Spaziergang alle für einen Hund so wichtigen Gerüche des nächsten Laternenpfahles oder einer bestimmten Stelle der nachbarlichen Hauswand aufnehmen zu können. Hier könnten in einer Stadtwohnung aber schon die ersten Schwierigkeiten auftreten.

Viele Stadtverwaltungen machen es dem Hundehalter zur Pflicht, dafür Sorge zu tragen, daß Kot auf Bürgersteigen, Straßen, Spielplätzen, aber auch aus Vorgärten unverzüglich durch den Hundehalter zu entfernen ist. Empfindliche Geldbußen können bei Nichteinhaltung die Folge sein. Verantwortungsbewußten Haltern ist diese Beseitigung des Hundekotes eine Selbstverständlichkeit.

Doch zurück zu dem Problem, einen Bernhardiner in einer Etagenwohnung halten zu wollen.

Denken Sie daran, den Hund als Welpen zu sich zu nehmen, so muß eindringlich vor den Gefahren ständigen Treppensteigens gewarnt

„Swen vom Rosenkeller",
ein stattlicher Rüde

24

Zwei gute Freunde – „Herta v. Roten Kreuz" und „Jago v. d. Stadt Grafenau"

werden. Das Hinaufsteigen ist dabei nicht so gefährlich wie das Hinab-steigen, bei dem das ganze Körpergewicht auf den noch schwachen, unfertigen Vorderbeinen ruht. Sehr oft ist das Treppensteigen die Ursache für Zerrungen der Bänder und Muskeln der Vorderläufe, aber auch für mögliche Deformierungen oder Brüche der Knochen an den Vorderläufen. Mancher von Ihnen wird jetzt sagen: „Dann tragen wir ihn eben." Das wird zweifellos eine Weile durchgeführt, doch der Welpe wird immer schwerer, bald so schwer, daß zumindest Ehefrau oder Kinder überfordert sind, sollten sie den Hund mehrere Treppen hinauf- bzw. hinuntertragen müssen.

Der vom Charakter her sehr ruhige und meist bedächtige Bernhardi-ner vermag sich ebenso überschwenglich zu freuen, wenn die Familien-angehörigen von ihrer täglichen Arbeit nach Hause kommen, wie andere Rassen, nur ist seine Stimme selbst schon im Jugendalter tief und mächtig. Nicht allen Nachbarn gefällt es, wenn der Hund sich über die Heimkehr seiner Rudelgenossen lauthals freut, oder wenn er jeden Fremden, der sich im Korridor aufhält, meldet.

So mancher Züchter mußte die traurige Erfahrung machen, daß nach mehreren Monaten der Hund wieder zurückgegeben wurde.

Erkundigen Sie sich in jedem Fall beim Vermieter, ob eine Hunde-haltung in den von Ihnen gemieteten Räumen gestattet ist. Die Geneh-migung lassen Sie sich immer schriftlich geben, sofern nicht schon der Mietvertrag diesbezüglich eindeutig Auskunft gibt.

25

Der Bernhardiner in Haus und Garten

Ungleich günstiger trifft es der Welpe, der nun ein neues Zuhause findet, das neben einer Parterrewohnung oder einem Haus einen Garten aufweisen kann. Hier bekommt der Welpe einmal die Möglichkeit, in engem Kontakt mit den menschlichen Rudelgenossen zu leben; zum anderen kann er bei Bedarf im Freien seinem Bewegungsdrang nachgeben, was nicht bedeuten soll, daß ein Garten einen Ersatz für die täglichen Spaziergänge darstellt.

Da die Züchter ihre Zuchttiere samt Nachwuchs in der Regel in Zwingern halten, nicht aber im Haus oder gar (nur) in Wohnungen, ist gerade dem Junghundalter entwachsenen Hund die Umstellung auf die neue Heimat zu erleichtern, indem er tagtäglich Gelegenheit hat, einen Schutzraum im Freien aufzusuchen. Für unsere langhaarigen Hunde bedeutet die Zimmertemperatur, die wir als wohlig empfinden, meist schon zuviel des Guten. Sie suchen kühlere Plätze auf. Im Garten ist dies zweifellos einfacher als in der Wohnung.

Wenn der ausgewachsene Bernhardiner auch in der Regel ruhig, ja man möchte sagen gemütlich, ist und er keine stundenlangen „Märsche" z. B. am Fahrrad braucht, so benötigt doch der junge Hund in seiner gesamten, etwa zweijährigen Entwicklungszeit wesentlich mehr Bewegung. Im Garten findet er Platz, um seinem Taten- und Forschungsdrang freien Lauf lassen zu können. Hier teilt er sich seine Ruhe- und Betätigungsphase selbst ein. Im freien Spiel wird er sich nie derart überfordern, daß gesundheitliche Schäden zu befürchten sind, was wiederum bei übermäßig langen und auf für ihn schwierigen Böden erfolgenden Spaziergängen der Fall sein könnte. Ein Problem stellt sich allerdings sehr schnell ein: Wenn Sie Ihrem Hund nicht ganz konsequent beibringen, daß zum Harnlassen und Kotsetzen nur die von Ihnen bereitgestellte Ecke benutzt werden darf, bietet Ihr Garten bald ein Bild der Verwahrlosung. Braune Flecken auf dem Rasen, abgefressene Blumen und Sträucher geben Zeugnis von einem Hund, der einen Garten besitzt, nicht aber von einem wohlerzogenen Hund, der den gemeinsamen Garten mitbenutzen darf.

So wie Sie selbst in heißen Sommermonaten Schatten suchen, so ist es für den Bernhardiner und erst recht für den langhaarigen lebensnotwendig, sich den Sonnenstrahlen zeitweise entziehen und schattige, kühle Plätze aufsuchen zu können. Soll Ihr Hund tagsüber im Garten leben und nur nachts im Haus liegen, so muß im Garten immer frisches

Wasser in ausreichender Menge vorhanden sein. In den Sommermonaten kann ein Bernhardiner täglich einen 10-Liter-Eimer leeren. Befestigen Sie den Eimer so, daß er vom Hund nicht umgestoßen werden kann.

Daß bei Frost das Wasser öfter erneuert werden sollte, wird hier nur der Vollständigkeit halber vermerkt.

Der Bernhardiner im Zwinger oder Freigehege

Diese Form der Bernhardinerhaltung ist wohl am meisten zu finden. Sie darf jedoch nicht so verstanden werden, daß dem Bernhardiner der für seine Wesensentwicklung so wichtige und für seine allgemeine psychische Gesundheit so notwendige Kontakt zur Familie, aber auch zu anderen Menschen und Tieren genommen wird. Zudem sollte jeder

Rotkäppchen und sein Beschützer

27

Bernhardiner auch die Wohnung seines Herrn betreten dürfen und sich darin auskennen.

Ein Zwinger sollte aus einer überdachten, gut gegen Nässe und Feuchtigkeit geschützten Hütte und einem Auslauf bestehen, der gegen die Sonne auch Schatten bieten muß. Mindestanforderungen wurden 1974 in der Bundesrepublik Deutschland sogar durch eine Rechtsverordnung zum Tierschutzgesetz vorgegeben.

Die Vorschläge, die Ihnen hier unterbreitet werden, gehen über diese Mindestanforderungen hinaus, bedeuten aber keineswegs, daß sie ein Optimum darstellen. Von dem zur Verfügung stehenden Platz und der Bereitstellung geldlicher, aber auch zeitlicher Mittel hängt zweifellos die Qualität des Zwingers für Ihren Bernhardiner ab.

Gut wäre es, wenn er so angelegt werden könnte, daß die Nord- und Westseite durch eine Gebäudewand oder sonstige stabile, in jedem Falle zugfreie Rückwände vor Wind und Regen abgeschirmt werden. Sollte dies aus baulichen Gründen nicht möglich sein, kann der Zwinger auch vollständig frei im Garten stehen, natürlich auch hier mit einer Schutzwand versehen.

Ganz gleich, wo auf dem Grundstück der Zwinger steht, wichtig ist, daß wir den Hund dort sehen können. Genauso wichtig ist, soll der Bernhardiner vom Zwinger aus Haus und Hof bewachen, daß der Hund den Eingang des Hauses überblicken kann.

Über den idealen Bodenbelag des Zwingers gibt es unterschiedliche Meinungen. Vieles hängt auch davon ab, wie oft beziehungsweise wie lange Ihr Hund täglich im Zwinger ist. Weißer Sand (Quarzsand) bringt den Vorteil, daß der Hund meist sauber ist. Hierzu muß aber unter dem Sandboden eine Unterlage geschaffen werden (Beton oder Eternitplatten mit Sickerfugen), damit Ihr Hund besonders im Jugendalter nicht gar den Lehmboden zuoberst buddelt und somit den Quarzsand verschmutzt. Nachteilig bei dieser Methode ist, daß junge Bernhardiner aufgrund ihres großen Gewichtes Spreizzehen bekommen können . Da beim Auftreten der Sand nachgibt, versuchen die Hunde durch Spreizen der Zehen einen festeren Halt zu finden. Gewachsener Grasboden auf lehmigen Untergrund wäre ideal, wenn die Hunde nicht immer dieselben Trampelpfade benutzten – meist an der Begrenzung entlang – und in Nässeperioden den Grasboden somit schnell in eine Schlammwüste verwandeln würden. Bei entsprechend großem Zwinger mag dann noch genügend ordentliche Grasfläche übrigbleiben.

Wenn Sie nur Beton- oder Pflasterboden zur Verfügung haben, sollte ein Teil desselben mit einem zusätlichen Holzboden überdeckt werden. Besonders im Winter ist der Betonboden zu kalt, und Blasen- und Nierenerkrankungen sind oft die Folge. Bei Hündinnen ist dieser zu kalte Boden oft die Ursache für Scheiden- und Gebärmutterentzündungen. Natürlich läßt sich ein Beton- und Pflasterboden leichter reinigen als die anderen Böden, jedoch sollte schon bei der Planung die Gesundheit des Hundes in allen Punkten Vorrang vor der bequemeren Pflege haben.

Da Betonboden aber auch den Vorteil bringt, daß sich der Hund besser seine Krallen abschleift als auf allen anderen Böden, bestände der ideale Zwinger aus der Addition aller Böden, wobei folgende Reihenfolge empfohlen wird:

Unter der Hütte und drumherum sollte Beton- und/oder Pflasterboden sein, dann Grasboden und als Abschluß Sandboden, weil sich in dieser, dem Schlafplatz des Hundes am weitesten entfernten Ecke der Hund immer hinhocken wird, um sich zu lösen.

Bauanleitung für Hundehaus und Zwinger

Der einschlägige Fachhandel bietet eine Vielzahl von Hundehütten und Zwingern aus vorgefertigten Elementen an. Die unserer Rasse entsprechenden Größen sind nicht gerade billig. Sie können sparen, wenn Sie bei einigem handwerklichen Geschick entsprechend meinem Vorschlag selbst zur Tat schreiten.

Als Baumaterialien bieten sich Holz und Stein gleichermaßen an. Beide haben Vor- und Nachteile. Gleich welches Material Sie vorziehen, aus Isolationsgründen sollte das Hundehaus doppelwandig und doppelbodig sein.

Wählen Sie die Außenwand in Stein, besitzen Sie die pflegeleichtere Ausführung, aber dafür auch die kältere. Nehmen Sie Holz, vielleicht Nut und Feder, müssen Sie jedes Jahr die Außenwand streichen.

Aus Isolationsgründen sollte die selbstgebaute Behausung auf Steinplatten oder Balken stehen. Für das Dach eignet sich eine wetterfeste Spanplatte (19 mm) mit Dachpappe überzogen. Alle Wände des Schlafraumes sind zweischalig mit Zwischendämmung. Innen wird auf den Vierkant-Holzrahmen (40 mm stark) eine 10 mm starke Spanplatte befestigt. Innerhalb des Rahmens wird Dämmaterial eingefaßt. Von außen werden entweder Bretter mit Nut- und Federbord befestigt oder mindestens 10 mm starke, vollkantige Bretter angebracht. Die Rückwand und die Seitenwand des überdachten Liegeplatzes brauchen nicht unbedingt zweischalig angefertigt zu werden. Der Fußboden sollte für Schlaf- und Liegeraum durchgehend zweischalig sein. Damit das Dach zu Reinigungszwecken hochgeklappt werden kann, müssen an der Rückseite entsprechend starke Scharniere angebracht werden. Man kann den Eingang zum Schlafraum auch weiter zur Rückwand hin versetzen. Im Winter kann man einen Sack oder alten Teppich vor den Eingang hängen. Die Größe des Hundehauses ist so zu bemessen, daß Ihr Bernhardiner durch seine Körpertemperatur den Schlafraum temperiert. Wollen Sie einerseits dem Aufliegen der Ellenbogen entgegenwirken – Folgen sind oft Schleimbeutelentzündungen an den Ellenbogen –, andererseits ein Weiteres zur Reinigung Ihres Hundes tun, müssen Sie für eine gute Unterlage oder Einstreu sorgen. Es gibt fertige Hundematratzen, mindestens so gut ist aber sauberes Weizenstroh. Wie oft Sie die Einstreu wechseln, hängt nicht zuletzt vom Grad der Verschmutzung ab. Im Stroh säubern sich die Hunde zum Beispiel nach einem ausgedehnten Schlammbad über Nacht.

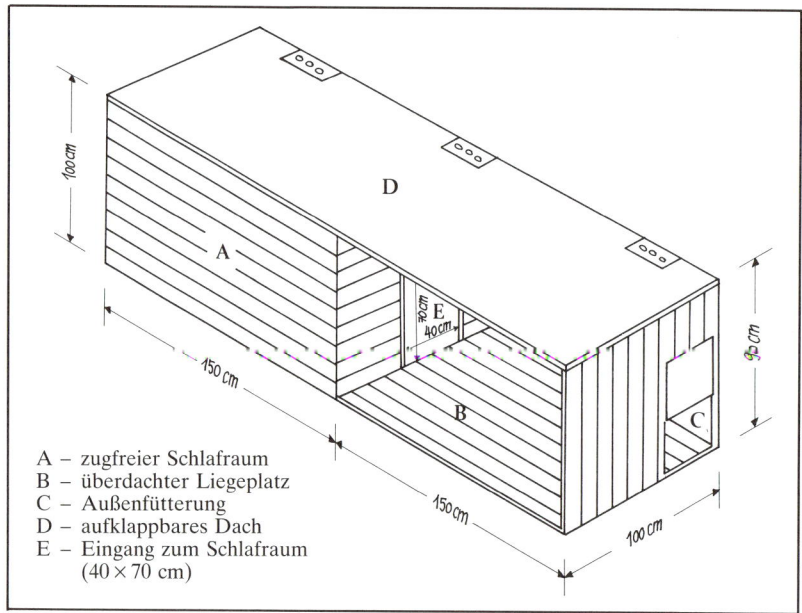

A – zugfreier Schlafraum
B – überdachter Liegeplatz
C – Außenfütterung
D – aufklappbares Dach
E – Eingang zum Schlafraum
(40 × 70 cm)

Ein Zwinger kann schnell zu klein, aber selten zu groß sein. Eine besondere Form (rechteckig oder quadratisch) muß nur bei den meisten als Baukästen im Handel befindlichen Zwingern beibehalten werden. Sind Sie Ihr eigener Baumeister, versuchen Sie vielleicht, ihn der Umgebung anzupassen.

Der im folgenden vorgeschlagene Zwinger kann als Bausatz bei vielleicht geringfügigen Änderungen gekauft werden. Die Höhe der Einzäunung oder Gitter sollte mindestens 175 cm betragen.

Wollen Sie den in der Zeichnung mit „F" gekennzeichneten gesicherten Aufenthalt zusammen mit der Hütte überdachen, denken Sie an die entsprechende Höhe von mindestens zwei Metern. Sie müssen jeden Tag durch diesen Bereich gehen, um Futter und Wasser zu bringen. Bemessen Sie also großzügig. Dieser fest eingefriedete Bereich soll dem Hund nur zeitweise als alleinige Bleibe dienen. Wollen Sie im großen Auslauf „G" reinigen oder sonst arbeiten, sperren Sie den Hund in „F" ein. Soll bei schlechtem Wetter der Hund nicht verschmutzen, weil zum Beispiel eine Fahrt im Auto bevorsteht, kommt er ebenfalls in „F". Desgleichen kann er im Sommer vor der heißen Sonne hier Zuflucht

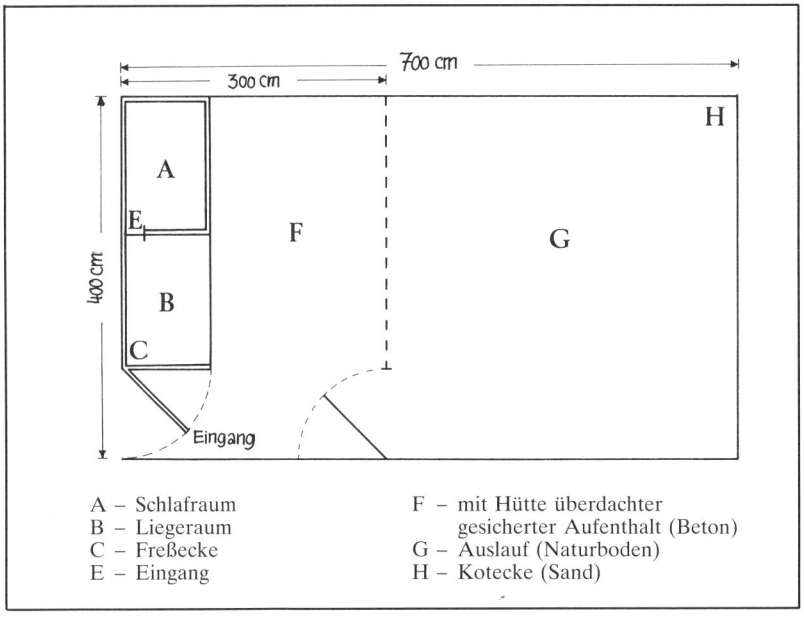

A – Schlafraum
B – Liegeraum
C – Freßecke
E – Eingang

F – mit Hütte überdachter
    gesicherter Aufenthalt (Beton)
G – Auslauf (Naturboden)
H – Kotecke (Sand)

suchen. Pflanzen, junge Bäume und Sträucher machen sich im Auslauf nur solange gut, wie sie vor dem Urin Ihres Rüden geschützt sind.

Denken Sie bei den Türen daran, daß sie von beiden Seiten sicher verschließbar sein müssen und daß manche Hunde im Ausbrechen wahre Künstler sind. Ein Untergraben der Begrenzung wird durch ein entsprechend dimensioniertes Bruchstein- oder Betonfundament unmöglich gemacht. Ein Überspringen derselben ist ab 175 cm Höhe unwahrscheinlich.

Gleich wie Sie Ihren Zwinger anlegen und einrichten, er muß groß genug sein und den Hund vor Feuchtigkeit, Zugluft, Kälte, aber auch vor Hitze, also Sonneneinstrahlung schützen.

Doch was nützt der ideale Zwinger, wenn er nicht ständig saubergehalten wird. Nachlässigkeit bringt Ihrem Hund unweigerlich Gefahr. Diese Sauberkeit muß sich natürlich auch auf Futternapf und Wassereimer erstrecken; sie müssen täglich gründlich gereinigt werden.

Sind Sie nach sorgfältigen Überlegungen und intensiven Diskussionen innerhalb der Familie immer noch der Meinung, es müsse ein Bernhardiner sein? Sind Sie wirklich bereit, auf so manche Annehmlichkeiten in den nächsten Jahren zu verzichten? Haben Sie sich überlegt, was mit dem Hund geschieht, wenn Sie Urlaub machen wollen? Sie wissen, daß jede Trennung dem Hund seelische Schmerzen bereitet? Alle Fragen und Einwände haben Sie im Sinne einer artbezogenen Haltung des Bernhardiners positiv beantworten können? Dann gehören Sie zu dem Kreis der ernsthaften Kaufinteressenten, für den das nächste Kapitel von großer Bedeutung ist.

Aber Sie haben noch eine Frage?

Bernhardiner und Kinder – geht das?

Sollten Sie keine Kinder haben, überschlagen Sie diesen Abschnitt nicht einfach. Denn es ist nicht von der Hand zu weisen, daß der Bernhardiner auf Kinder schon eine fast beängstigende Faszination ausübt. Sein Ruf als Kinderfreund und -beschützer ist berechtigterweise weit verbreitet. Auf Spaziergängen werden Sie immer wieder erleben, wie fremde Kinder sich an Ihren Hund heranmachen, ihn streicheln und herzen wollen. Bei aller Gemütlichkeit braucht das jedoch Ihrem Hund nicht immer zu gefallen. Kein Hund hat es gern, wenn ihm Fremde allzu oft und allzu nahe auf den Pelz rücken. Unterbinden Sie eventuelle unliebsame Situationen dadurch, daß Sie freundlich, aber bestimmt Kinder wie Erwachsene etwas auf Distanz halten.

Bitte recht freundlich

Die Kinder im eigenen Haus werden bald ein Herz und eine Seele mit dem jungen Hund sein. Dieser merkt sich sehr schnell seine Spielkameraden, aber auch diejenigen, die ihm im Spiel weh tun oder ihn ärgern. Kinder bevorzugen es, den kleinen Hund an den Vorderbeinen hochzuheben. Davor kann nicht eindringlich genug gewarnt werden. Das Schultergelenk, das wir Menschen kennen, gibt es beim Hund nicht. Der Vorderlauf ist im Bereich des Schulterblattes mit dem Brustkorb beziehungsweise der Wirbelsäule nur durch Muskeln und Bänder verbunden. Namentlich im Welpen-, aber auch im Junghundealter kann es durch das erwähnte Hochheben zu schmerzhaften Zerrungen kommen. Es versteht sich von selbst, daß die Rute nicht dazu da ist, daß Kinder sich daran festhalten oder sich gar ziehen lassen. Besprechen Sie diese Dinge mit Ihren Kindern vor dem Kauf. Es gibt unzählig viele Geschichten, aber auch wahre Begebenheiten, die von der Wachsamkeit und Treue des Hundes gerade Kindern gegenüber berichten. Die Bilder dieses Buches sprechen für sich. Einige wenige Ausnahmen, die natürlich von der Presse groß herausgebracht werden, ändern nichts an der Tatsache, daß es für Kinder, gleich welchen Alters, kaum einen gutmütigeren und treueren Kameraden gibt.

33

Wir kaufen einen Bernhardiner

Nun sind Sie erst recht entschlossen, sich einen Bernhardiner zuzulegen? Doch jetzt häufen sich neue Fragen, von denen ich Ihnen einige klären helfen möchte.

An wen kann ich mich wenden?

Die Möglichkeiten, einen Hund zu erwerben, der Bernhardiner genannt wird, sind vielfältig:
1. Von Bernhardinerbesitzern, die durch irgendwelche Gründe sich gezwungen sehen, ihren Hund zu verkaufen;

Ein vier Monate alter Langhaarrüde

34

2. aus Tierheimen, die der Aufsicht und Betreuung durch den *Deutschen Tierschutzverein* unterliegen;
3. von Hundefarmen, die neben vielen anderen Rassen auch den Bernhardiner anbieten;
4. vom Hunde(fach)handel, wo Sie „Ihren Bernhardiner" im Schaufenster bewundern (oder bemitleiden) können, oder von den Hundehändlern, die per Post, Eisenbahn oder Flugzeug Ihnen ein Paket ins Haus schicken, aus dem Sie ein völlig verängstigtes, nach Kot und Urin stinkendes Etwas herausholen, das vom Verkäufer als „Bernhardiner" angeboten worden ist.

Lassen Sie mich einige Worte zu diesen vier Möglichkeiten sagen. Schlagen Sie die Tageszeitungen, vornehmlich die Wochenendausgaben, auf, finden Sie manchmal Angebote der ersten und zweiten Gruppe, aber tatsächlich solche der dritten und vierten Gruppe. Die Bernhardiner, deren Besitzer aus familiären Gründen, aus räumlichen Veränderungen heraus, aus zeitlichen oder finanziellen Gründen sich zum Verkauf entschlossen haben, sind fast nie Welpen, selten Junghunde im ersten Lebensjahr, meist dagegen ausgewachsene Tiere. Ob sie alle überwiegend positive Erlebnisse mitgemacht haben, kann an dieser Stelle nicht schlüssig beantwortet werden, aber so mancher Hund erhält durch ein neuerliches Herausreißen aus seiner gewohnten Umgebung und die damit verbundene schwierige Eingewöhnung seelisch einen Knacks, der sich bestenfalls darin äußert, daß der Hund nicht zutraulich wird, sondern nur futterzahm, schlimmstenfalls darin, daß er das Futter verweigert und eingeht. Sie können natürlich auch Glück haben, und Sie erhalten das, was Sie sich gewünscht haben.

Von den Tieren, die aus Tierheimen angeboten werden, stammt nur einer von hundert aus der Zucht eines anerkannten Züchters. Auch diese Tiere haben oft schon Schlimmes durchleben müssen, ehe sie im Tierheim aufopfernd hochgepäppelt werden. Sollten Sie mit dem Gedanken spielen, später einmal Ihren Hund auf Ausstellungen zu bringen oder gar zu züchten, ist es unumgänglich, einen Bernhardiner zu besitzen, der eine Ahnentafel hat, die vom St.-Bernhards-Klub e. V., Sitz in München, ausgestellt ist, denn nur dann wird er vom Ausrichter fast aller deutschen Hundeausstellungen, dem Dachverband der anerkannten deutschen Rassehundevereine, dem VDH mit Sitz in Dortmund, zugelassen.

Die soeben aufgeführten Organisationen untersagen es ihren Züchtern auf das schärfste, Hunde aus ihrer Zucht an Hundefarmen und

Händler zu verkaufen. Der Handel mit Hunden wurde durch Zeitschriftenserien und Fernsehsendungen der breiten Öffentlichkeit aufgezeigt und mit Recht gebrandmarkt.

Als Hundefarmen sind alle die Zuchtstätten zu verstehen, die pro Jahr mehr als 36 Welpen einer oder mehrerer Rassen aufziehen. In diesen Großbetrieben ist „Ihr" Welpe nur eines von vielen Produkten, die bei denkbar ökonomischer Haltung ein Maximum an Gewinn abwerfen müssen.

Aus diesen Hundefarmen werden die Welpen oft noch im Saugalter (also vor der 8. Lebenswoche) an die Händler verkauft. Dort können Sie dann im Schaufenster die Kleinen bewundern oder bemitleiden. Zum Glück für unsere Rasse haben nur die wenigsten Kaufhäuser oder Zoogeschäfte Bernhardiner vorrätig.

Wie bereits gesagt, dieses Buch will Ihnen raten und helfen, Sie aber keinesfalls bevormunden.

Warum soll man die im Handel angebotenen Welpen nicht kaufen? Dafür seien hier einige Gründe genannt:

1. In den wenigsten Fällen erfahren Sie, aus welchem „Stall" Ihr Welpe kommt. Die „Züchter" bleiben meist unbekannt.
2. Keiner wird Ihnen sagen, unter welchen Bedingungen Ihr Welpe heranwuchs. Wollen Sie kein Tier mit eventuellen psychischen Frühschäden kaufen, sollten Sie aber hierfür Bescheid wissen.
3. Na, sie wissen schon, nicht jeder Stammbaum wird anerkannt!
4. Je größer der Welpenproduktionsbetrieb ist, desto geringer ist die Wahrscheinlichkeit, daß die Welpen in frühester Jugend den für ihre Wesensentwicklung so wichtigen Kontakt zum Menschen haben.
5. Da Sie die Eltern der Welpen nicht gesehen haben, wissen Sie nichts über ihr Wesen, das in wesentlichen Zügen weitervererbt wird.
6. Impfungen bedeuten nicht immer absoluten Schutz. In diesem Buch erfahren Sie, welche Impfungen ein Optimum an Schutz bieten. Die vom Verkäufer versprochenen müssen nicht tatsächlich verabreicht worden sein. Achten Sie daher auf die bestätigenden Angaben im Impfpaß.
7. Verhaltensstörungen aufgrund des zu langen und in zu engen Behältnissen durchgeführten Transportes sind nicht selten, müssen sich aber nicht sofort zeigen.
8. Mangelkrankheiten wie Rachitis können durch Massenaufzuchten vermehrt auftreten.

Aus diesen Gründen sollte man jeden Hund, gleich welcher Rasse, ausschließlich beim anerkannten Züchter kaufen. Adressen vermitteln die Rassehundeverbände.

Wir besuchen mehrere Züchter

Sie haben sich vom Verband für das Deutsche Hundewesen (VDH) oder vom St.-Bernhards-Klub oder von einer anderen Quelle die Adressen mehrerer Züchter geben lassen? Vielleicht haben Sie Glück und in Ihrer Nähe wohnt ein Züchter. Melden Sie sich für einen unverbindlichen Informationsbesuch an. Wird Ihnen dies verwehrt, stimmt dort etwas nicht, denn normalerweise sind die Züchter sehr stolz auf ihre eigenen Hunde und zeigen sie gerne vor.

Schauen Sie sich bei einem solchen Besuch alles genauestens an. Registrieren Sie, ob die Hunde genügend Auslauf haben oder in kleinen Käfigen sitzen müssen. Sauberkeit ist in einem Zuchtzwinger oberstes Gebot. Kot und Futterreste sollten nach Möglichkeit nicht zu finden sein. Achten Sie besonders darauf, wie die Hunde sich dem Züchter gegenüber verhalten. Sind sie ängstlich oder gar aggressiv? Oder freuen Sie sich, wedeln mit dem Schwanz und wollen geschmust werden? Das gleiche gilt für die Welpen, denn im Alter von sechs bis acht Wochen suchen sie normalerweise den menschlichen Kontakt. Lassen Sie sich genauestens über die Fütterung informieren. Viele Züchter geben Futteranleitungen für ihre Welpen mit. Lassen Sie sich die Elterntiere zeigen. Haben Sie die Absicht, mit Ihrem Hund später

Mit zehn Wochen stubenrein

37

Ausstellungen zu besuchen oder gar zu züchten, lesen Sie gründlichst die Rassemerkmale durch, vergleichen Sie dann mit den Elterntieren und holen Sie sich Rat beim Zuchtwart.

Keine Angst, Sie brauchen deshalb nicht gleich Klubmitglied zu werden. Alle Welpen scheinen niedlich; vergleichen Sie trotzdem, indem Sie mehrere Züchter aufsuchen. Es ist selbstverständlich, daß jeder Züchter glaubt, er habe die besten und schönsten Welpen.

Sommer- oder Winterwurf?

Die Hündinnen sind in bezug auf ihre Läufigkeit (Hitze) nicht einheitlich auf das Frühjahr oder den Herbst festgelegt. So fallen denn auch Würfe über das ganze Jahr verstreut. Meist werden die Welpen aber in den Monaten Mai bis Juli oder November bis Januar geboren. Die Züchter sprechen deshalb von Sommer- oder Winterwürfen. Es gibt viele Züchter, die glauben, Sommerwürfe seien gesünder und kräftiger als Winterwürfe. Dafür fehlt aber jeder schlüssige Beweis.

Entscheidend für das Wachstum und die Entwicklung der Welpen sind artgerechte Haltung und Fütterung. Winterwürfe bedeuten zwei-

„Ilka v. Agterhorn" mit ihren vier Wochen alten Welpen

38

fellos für den Züchter ein Mehr an Arbeit und Kosten. Es bedarf eines beheizbaren, gegen Kälte und Zugluft bestmöglich isolierten Wurfraumes. Der Auslauf muß so gestaltet sein, daß ein Teil immer trocken ist und von der Wintersonne beschienen werden kann. Die tagtägliche Säuberung des Auslaufes bei Schnee und Regen wird zur harten Arbeit, denn es gilt: Je mehr Hunde – auch Welpen –, desto mehr Kot. Das Futter muß so untergebracht werden, daß es dann, wenn es gebraucht wird, nicht zu kalt ist, das Wasser muß für die Welpen angewärmt werden.

Bei Sommerwürfen entfällt weitgehend die Notwendigkeit der Beheizung des Wurfraumes. Wegen der vielen Fliegen und anderer Insekten müssen aber Kot und Futterreste schneller entfernt werden.

Beide Möglichkeiten ergeben Vor- und Nachteile für den Züchter. Für Sie und Ihren Welpen sollte bei optimaler Haltung und Fütterung dies kein Entscheidungsgrund sein. Für Sie gilt eher die Überlegung: Wann möchte ich in Urlaub fahren?

Gleich zu welcher Jahreszeit Sie Urlaub machen wollen, holen Sie sich keinesfalls ein bis zwei Monate vorher den Hund. Die Umstellung vom Züchter zu Ihnen ist nicht einfach, eine erneute Umstellung zu den „Ferieneltern" könnte nachteilige Folgen für das Wesen Ihres Hundes haben. Warten Sie mit dem Kauf bis nach Ihrem Urlaub.

Rüde oder Hündin?

Es soll Züchter geben, die empfehlen im Frühjahr mit beredter Zunge, nur ja einen Rüden zu kaufen. Im Herbst empfehlen sie ausschließlich Hündinnen. Warum? Einzig aus dem Grunde, weil sie einmal nur Rüden, das andere Mal nur Hündinnen im Wurf haben, die sie gern verkauft haben möchten.

Wenn Sie zum Züchter kommen, muß Ihre persönliche Entscheidung, ob Rüde oder Hündin, bereits getroffen sein. Rüde wie Hündin können gleich wachsam sein (Rüden wurden von findigen Einbrechern durch mitgebrachte heiße Hündinnen abgelenkt). In bezug auf Treue und Kinderliebe hieße es schlichtweg lügen, wollte man einem Geschlecht den Vorzug geben.

Und trotzdem gibt es Gründe für die Vorliebe eines Geschlechtes. Ein Rüde ist immer mächtiger, größer und kräftiger als eine Hündin. Wer Wert auf diese Eigenschaften legt, muß sich einen Rüden kaufen. Da die Hündin als Rudeltier im Rudel meist unter dem Leithund in der

Der langhaarige Dt. CH. „Jens vom Rosenkeller"

Rangordnung steht, ist ihr Unterordnungstrieb meist ausgeprägter als beim Rüden. Meinem Rüden mußte ich während der Flegelzeit (14 bis 18 Monate) durch mehrere Rangordnungskämpfe klarmachen, wer der Chef ist.

Wer zur Hündin tendiert, muß bedenken, daß diese zweimal im Jahr läufig (heiß) wird und dann weniger gehorsam ist. Außerdem kann sie durch ihren blutig schleimigen Ausfluß zusätzlichen Schmutz auf den Fußboden bringen.

Beim Rüden, der über das ganze Jahr deckbereit ist, bedeutet der Duft einer heißen Hündin in der Nachbarschaft, daß er, allen Verboten und Hindernissen zum Trotz, die „Dame" besuchen möchte. Ärger kann es beim Rüden auch geben, wenn er jeden Baum, jede Hausecke, die Autoreifen des Nachbarn und so weiter glaubt markieren zu müssen. Er beansprucht ein großes Herrschaftsrevier und kennzeichnet dies an seinen Grenzen durch Duftmarken (Urin).

40

Stockhaar oder Langhaar?

Beide Haararten dürfen nach den Bestimmungen des St.-Bernhards-Klub e. V., Sitz in München, sowohl jede für sich als auch gemischt gezüchtet werden. Ihr persönlicher Geschmack muß hier die Wahl treffen. Wollen Sie Ihren Hund im Hause halten, macht der kurzhaarige (stockhaarige) Hund weniger Schmutz als der langhaarige. Die Pflege des Stockhaarigen ist einfacher. Der Langhaarige wirkt dagegen, wenn er gut gepflegt ist, mächtiger und ehrfurchtgebietender. Aber es wäre vermessen, hier raten zu wollen. Treffen Sie die Entscheidung nach Rücksprache mit Ihrer Familie.

Keinen Hund ohne Ahnentafel und Impfpaß

Kaufen Sie Ihren Bernhardiner beim Züchter, so ist dieser verpflichtet, zu dem Hund auch die entsprechende Ahnentafel und den zugehörigen Impfpaß ohne Aufpreis auszuhändigen. Die Ahnentafel enthält den Namen des Hundes, eine möglichst genaue Beschreibung des Äußeren (Farbe und Abzeichen), die ein Verwechseln ausschließen sollen, nennt die Eltern, Großeltern, Urgroßeltern und Ur-Ur-Großeltern. Ferner Name und Adresse des Züchters. Die Richtigkeit der gemachten Angaben müssen Züchter und Zuchtbuchführer durch Unterschrift bestätigen. Daß diese Ahnentafel vom St.-Bernhards-Klub e. V., Sitz in München, ausgestellt sein muß, versteht sich am Rande, denn nur dann bedeutet sie ein Zertifikat der Rassereinheit (s. S. 94).

Kaufen Sie nur bei dem Züchter einen Hund, der seinen Hunden einen „Internationalen Impfpaß" mitgibt. Jeder verantwortungsbewußte Züchter läßt auf seine Kosten bei den sieben bis neun Wochen alten Welpen die Grundimmunisierung gegen Staupe, Hepatitis und Leptospirose durch einen Tierarzt durchführen und auf diesem Internationalen Impfpaß bescheinigen. Diesen Impfpaß brauchen Sie, wenn Sie mit Ihrem Hund ins Ausland wollen.

Sollten Sie einen Junghund von etwa fünf Monaten kaufen, achten Sie darauf, daß neben der Grundimmunisierung auch die erste Wiederholungsimpfung vorgenommen und eingetragen ist. Die zweite Wiederholungsimpfung sollte am Ende des ersten Lebensjahres durchgeführt werden.

41

Der stockhaarige „Goliath vom Neuen Moor"

Wie alt soll der Hund beim Kauf sein?

Wollen Sie sich nur einen Hund und nicht mehrere halten, empfehle ich Ihnen, ihn so jung wie möglich zu kaufen. Der Welpe muß aber mindestens *acht* Wochen alt sein. Voraussetzung für den Kauf eines so jungen Hundes ist jedoch, daß Sie genügend Zeit und Geduld zur Erziehung des Kleinen besitzen. Sie müssen berücksichtigen, daß in dem Alter viel gespielt wird und im Spiel manches zerbissen und ausgerupft wird. Dafür erleben Sie Ihren Hund in allen relevanten Lebensphasen, bevor er durch andere geprägt ist.

Es ist bequemer, einen älteren Hund zu erwerben, der die schwierige Zeit der Aufzucht, des Wachstums und der Kinderkrankheiten hinter sich hat. Allerdings kann er Eigenschaften besitzen, von denen Sie nicht erfreut sind, deren Ursache sich nie ermitteln läßt. Wählen Sie den Mittelweg und nehmen Sie einen drei bis vier Monate alten Bernhardiner, so befindet er sich in der Rangordnungsphase. Wenn er ein wesens- und charakterfester Hund wird, so versucht er immer wieder, Mittel und Wege zu finden, seinen Rang aufzupolieren.

Geben Sie jetzt den Launen Ihres Hundes nach, haben Sie später einen vorgezogenen, manchmal unberechenbaren Haustyrannen. In dieser Altersphase versucht er Ihnen klarzumachen, daß er alleine über Auswahl und Menge seines Futters entscheiden möchte. Bleiben Sie konsequent, denn verwöhnen Sie ihn jetzt, so müssen Sie ihn zehn bis zwölf Jahre verwöhnen.

Während sich die Entwicklung des Welpen in den ersten Wochen nur im Lebensbereich der Hündin und unter deren ständiger Betreuung abspielt, beginnt er in der Sozialisierungsphase (achte bis zwölfte Woche) langsam zu erlernen, wie er sich in einer größeren Gemeinschaft als der seines Welpenrudels zu verhalten hat. Die Züchter sollten sich in dieser Zeit verstärkt darum bemühen, daß die Welpen intensiven Kontakt mit Menschen erhalten. Ist der Welpe in dieser Phase bereits bei Ihnen, sollten Sie so oft wie möglich mit ihm spielen. Je öfter und für den Hund lustiger gespielt wird, desto größer wird die Lernfreudigkeit des Hundes. Wer sich jetzt nicht genügend spielend mit dem Welpen beschäftigt, braucht sich später nicht über seinen „dummen" Hund zu ärgern. Doch hierzu mehr im Kapitel Erziehung.

Ist der Hundehandel wirklich billiger?

Um diese Frage zu beantworten, müssen wir uns zuerst mit der Frage nach dem Preis eines Bernhardiners schlechthin beschäftigen. Welpen kosten im Durchschnitt DM 1000,– bis 1200,–. Junghunde, je nach Alter und Veranlagung sowie Qualität der Elterntiere, DM 600,– bis DM 2000,–. Erwachsene Bernhardiner lassen sich meines Wissens in kein mittleres Preismaß zwängen, da die Nachfrage durch Liebhaber sehr gering ist. Anders ist das bei Züchtern, die bei entsprechend guten Tieren, die sie für ihre Zucht benötigen, ein Vielfaches ausgeben.

Lassen Sie sich aufzählen, was ein Züchter bereits investiert hat, ehe der erste Welpe verkauft ist: Da eine Hündin erst ab einem Lebensalter von 20 Monaten zur Zucht genommen werden darf, sind bis dahin die Futterkosten, Tierarztkosten, Zwingerbau und -pflege, Steuern, Meldegebühren und Reisekosten für Ausstellungen im In- und Ausland –, um die Zuchtbewertungen zu erwerben, aber auch, um den Zwinger bekanntzumachen – in Vorlage zu bringen.

Der auserwählte Deckrüde steht fast nie in unmittelbarer Nachbarschaft. Der Deckrüdenbesitzer erhält ein Deckgeld. Welpen und Hündin bedürfen besonderer Nahrung. Es müssen Gebühren für den

Zuchtwart und für die Ausstellung der Ahnentafeln bezahlt werden und so weiter. Anders verfährt der Händler. Er bezahlt bei seinem Lieferanten den Hund oft als Ware. (Welpen oft für DM 300,– bis 500,–). Hinzu kommen Transport-, Verpackungs- und Futterkosten. Dann verkauft er die Welpen für 700,– bis 1200,– DM.

Beim Züchter können Sie in der Regel vorher Informationen einholen, vielleicht aus einem Wurf aussuchen und später von den Erfahrungen des Züchters mitprofitieren.

Gewiß variieren die Preise auch unter den Züchtern. Dies kann vom Namen des Züchters abhängen (besondere Qualität rechtfertigt besondere Preise). Es kann davon abhängen, ob Ihr Züchter irgendwo auf dem Lande lebt oder in Großstadtnähe. Schließlich können die unterschiedlichen Futtermittelpreise die Ursache für den Züchter sein, seine Welpen zu dem und keinem anderen Preis anbieten zu können. Schauen Sie beim billigsten genau nach, ob in der Haltung und Verpflegung nicht eingespart wird oder ob das Zuchtmaterial, also die Eltern, Fehler aufweist. Die Erfahrung lehrt, daß Billiges nicht immer auch Gutes ist. Wer beim Kauf handeln will, macht seinen von ihm ausgesuchten Hund schlechter.

In den letzten Jahren sind immer mehr Züchter dazu übergegangen, in ihrem eigenen Interesse, aber auch im Interesse ihrer Hunde, den Kauf eines Hundes durch Kaufvertrag bestätigen zu lassen.

Einen für alle verbindlichen Kaufvertrag gibt es bis heute noch nicht. Lesen Sie sich diesen Vertrag gründlich durch. Bei Meinungsverschiedenheiten in einzelnen Punkten wird man sich sicherlich einigen. So wird es jedenfalls bei uns gehandhabt.

Der folgende, von mir erarbeitete Kaufvertragsentwurf gilt ausschließlich für meine Zucht. Andere Züchter haben ihre eigenen Vertragsformulare.

Kaufvertrag

Herr/Frau/Frl. _____

Wohnort _____ Straße _____ Tel. _____

kauft heute von dem unterzeichneten Züchter eine(n) H/R.

Name: _____ BZB-Nr. _____
Mutter: _____ BZB-Nr. _____
Vater: _____ BZB-Nr. _____

Der Hund wurde geboren am _____

Der Kaufpreis beträgt in DM _____ (in Worten _____)

Es werden DM _____ angezahlt. Der Restbetrag in Höhe von DM _____ wird bei der Übergabe des Hundes beglichen. Der Hund ist bis spätestens _____ abzuholen, sonst kann der Züchter anderweitig über den Hund verfügen.

Im übrigen gelten die nachstehenden Vertragsbedingungen:

1. Erfüllungsort für beide Teile ist Köln.
2. Der Hund darf nicht an Hundehändler abgegeben werden.
3. Bei Wiederverkauf hat der Züchter das Vorkaufsrecht.
4. Bei schlechter und insbesondere tierschutzwidriger Behandlung und Haltung kann der Züchter den Hund unentgeltlich zurückverlangen.
5. Der Züchter verpflichtet sich, daß der Hund entsprechend den Bestimmungen des St.-Bernhards-Klubs e.V., Sitz in München, am Tage des Verkaufs einwandfrei ist.
6. Der Züchter haftet nicht für Mängel, die er selbst nicht erkannt hat, auch wenn es sich um Zuchttauglichkeitsfehler oder Krankheit handelt.
7. Die Ahnentafel des Hundes wird dem Käufer sofort geliefert, sobald der Züchter dieselbe vom Zuchtbuchamt erhalten hat.
8. Wird der Hund innerhalb einer Woche nach erfolgter Anmahnung seitens des Züchters trotz erfolgter Anzahlung nicht abgeholt, so ist die Anzahlung als Reuegeld verfallen und der Züchter berechtigt, über den Hund anderweitig zu verfügen oder ein entsprechendes Futtergeld zu fordern.

Der Verkäufer (Züchter):   Der Käufer:

Datum:

45

Aufzucht und Erziehung

„Beim Erwerb eines neun Wochen alten Welpen kann kein Züchter für die spätere Entwicklung irgendwelche Zusagen machen, da die weitere Aufzucht sich allein in den Händen des Käufers befindet und dieser allein verantwortlich ist."

Dieser Satz wurde 1959 in der IX. Auflage der Broschüre „Der St. Bernhardshund", herausgegeben vom St.-Bernhards-Klub, geschrieben. Er besitzt heute wie damals volle Gültigkeit.

Daß die Entwicklung eines Hundes mit der Fütterung, der Pflege, aber auch der Erziehung steht und fällt, ist eine wohl unbestrittene Tatsache. Die Erfahrung hat gezeigt, daß Welpen oder Junghunde, die die besten Anlagen mitbrachten, durch falsche Fütterung, schlechte Unterbringung, rohe und falsche Behandlung und Erziehung nicht das wurden, was man von ihnen erwarten durfte. Andererseits gilt ebenso: „Was der Züchter in den ersten acht bis neun Monaten versäumt, kann der neue Besitzer niemals nachholen." (Siehe o. a. Broschüre.)

Die ersten Erziehungsversuche sollten schon beim Züchter durchgeführt werden, beginnend im Alter von sechs Wochen. Wirkt der Bernhardiner ausgewachsen noch so kräftig und robust, so verfügt er doch über ein sehr feines Empfinden und will jederzeit mit viel Liebe behandelt werden.

Wie und wann kommt der Welpe in sein neues Heim?

Der große Tag rückt immer näher, an dem das Wollknäuel, das einmal ein ausgewachsener Bernhardiner werden soll, zu Ihnen ins Haus kommen wird. Sie haben schon alles bereit?

Die Hundehütte und Zwinger sind gebaut und warten auf ihren Bewohner! Frisches Stroh liegt als Einstreu bereit! Ein Eimer für das tägliche Frischwasser ist so befestigt, daß Ihr Welpe einerseits bequem trinken, andererseits ihn nicht aus Übermut durch die Gegend wirbeln kann! Das gleiche haben Sie mit dem Freßnapf gemacht! Wenn Sie es ganz gut machen wollen, befestigen Sie den Freßnapf so, daß er mit dem Welpen wachsen kann, das heißt, daß er in der Höhe verstellbar ist.

Auch mir gefällt's an der See

Mit dem Züchter haben Sie einen Termin für das Abholen des Welpen vereinbart?! Sicher wird dies am Wochenende geschehen. Doch wann? Am besten eignet sich der Samstagmorgen; gleich, welch lange Strecke Sie fahren müssen, richten Sie es so ein, daß Sie so früh wieder zu Hause eintreffen, daß der Kleine sich noch im Hellen seine neue Heimat anschauen kann. Oft wird aus dem Eintreffen des kleinen Hundes ein Familienfest. Im Interesse Ihres Hundes sollten Sie die ersten ein bis zwei Tage so wenig wie möglich Fremde an den Hund heranlassen. Holen Sie Ihren Hund samstags ab, können Sie sich auch sonntags noch intensiv mit ihm beschäftigen, ehe der Alltagstrott wieder anfängt.

Es ist für Sie sicher selbstverständlich, daß Sie auf der Fahrt vom Züchter nach Hause die schnellste Strecke nehmen. Aber auch dann vergessen Sie bitte nicht die Aufregung und Unruhe, die dem Kleinen durch die Fahrt mit dem Auto bereitet wird.

Machen Sie spätestens alle zwei Stunden eine Pause, in der Sie den Kleinen sein Geschäft machen lassen. Hierzu brauchen Sie notwendigerweise Leine und Halsband. Denken Sie hieran schon vor der Fahrt

47

zum Züchter, denn die wenigsten Züchter geben ihre Hunde mit Leine und Halsband ab. Kaufen Sie eins, das zu seiner Größe paßt. Denken Sie nicht, er wird schon hineinwachsen, denn schneller, als Sie dies glauben, ist er aus einem zu weiten Halsband entwischt. Vor der Benutzung eines Stachelhalsbandes möchte ich ganz eindringlich warnen. Jegliche Erziehung sollte nicht von Schmerzen begleitet sein. Das Stachelhalsband aber bereitet Schmerzen, wenn es sich an der strammen Leine zuzieht. Leider gibt es immer noch Menschen – auch auf Ausstellungen zu sehen –, die glauben, nur so Erziehung und Gehorsam demonstrieren zu können. Die Leine ist nötig, um den jungen Hund unter Kontrolle halten zu können.

Nicht alle Welpen sind Autofahrern gewöhnt, manche müssen sich erbrechen. Nehmen Sie Tücher zum Aufwischen mit. Am besten fahren Sie mit Begleitung, die sich während der Fahrt mit dem Welpen beschäftigen kann.

Es gibt natürlich noch andere Möglichkeiten, Ihren Hund in sein neues Heim zu holen. Eine dieser Möglichkeiten bietet die Deutsche Bundesbahn.

Da Hunde im deutschen Recht immer noch als SACHE angesehen werden, können sie in Transportkisten verpackt als Expreßgut verschickt werden.

Doch überlegen Sie, was Sie damit dem Welpen zumuten:
1. Der Kleine wird von Mutter und Geschwistern fortgenommen und in eine Kiste verpackt, hoffentlich mit genügend Wasser versehen.

Im Garten
ist es am schönsten

Die Kiste wird schon nicht zu groß sein, da die DB nach Gewicht der Gesamtfracht die Kosten berechnet.

2. Auf dem Bahnsteig verwirren Lautsprecheranlagen, Stimmengewirr, das Kreischen der bremsenden Züge, das Poltern der eingeladenen anderen Frachtstücke und schließlich das Rucken beim Bremsen des Zuges und beim Anfahren die Sinne des Welpen, der sich in seiner engen Kiste so schon recht unwohl fühlt.

3. Erheblich muß der Streß auf langen Bahnfahrten sein. Füttert ein gütiger Mensch auf einzelnen Stationen den Welpen, so wird, wenn nicht vom Züchter Futter mitgegeben wurde, mehrmals unterschiedliches Futter angeboten, nicht zum Besten des Welpen.

Das mehrmalige Öffnen und Schließen der Transportkiste muß beim Welpen die Unsicherheit vergrößern und Angstgefühle hervorrufen. Glauben Sie jetzt immer noch, daß ein Transport mit der Bahn für Ihren Hund in Frage kommen kann?

4. In seiner Angst wird er häufig Kot setzen und Wasser lassen, sich hinlegen, hochspringen, sich in den Kot setzen usw. Entsprechend sauber ist er dann, wenn er das Ende seiner qualvollen Reise erreicht hat.

Sollten Sie dies Ihrem Hund zumuten wollen, dann klappen Sie jetzt dieses Buch zu und verbannen Sie Ihren Wunsch nach einem Hund – gleich welcher Rasse – schnellstens, ehe Sie als traurige Wahrheit erkennen müssen: Ja, ich habe einen Hund erhalten, aber unter Umständen einen, der an Leib und Seele bleibende schwerwiegende Schäden erlitten hat.

Die Zeit der Eingewöhnung

Sobald Sie mit Ihrem Hund das Heim erreicht haben, setzen Sie ihn in der Ecke des Gartens ab, die Sie als seinen Kotplatz ausgewählt haben. Wie bereits gesagt, sollte dieser möglichst weit von seinem Ruheplatz entfernt sein. Bleiben Sie in den nächsten Tagen und Wochen konsequent. Führen Sie ihn regelmäßig nach dem Fressen und Schlafen an diesen Platz, dann wird er sehr schnell lernen, sein Geschäft nur noch dort zu verrichten.

Soll der Welpe viel im Haus gehalten werden, so werden sich bestimmt das eine oder andere Mal in dieser Beziehung „Unfälle" ereignen. Strafen in irgendeiner Form hat keinen Zweck; führen Sie

49

Das ist mein Bett

ihn am besten gleich zu seinem Kotplatz und bringen ihn dann zu seiner Schlafstätte zurück.

Hat er sein erstes Geschäft im neuen Heim hinter sich gebracht, lassen Sie ihm innerhalb des Grundstückes freien Lauf, damit er alles und jeden „erschnüffeln" kann. So bekommt er am ehesten Kontakt zu seiner neuen Heimat.

Dann führen Sie ihn zu seinem Schlafplatz. Reden Sie ihm beruhigend zu, geben Sie ihm die Decke, auf der er während der Fahrt gelegen hat, deren Gerüche er schon kennt. Sie sollen ihm in der neuen Umgebung helfen, sich einzugewöhnen.

Obwohl Sie sich am ersten Tag viel mit ihm beschäftigt haben und er zunächst auch eingeschlafen ist, kann es sein, daß er in der ersten vielleicht auch noch in der zweiten und dritten Nacht unruhig ist, umherirrt und jammert. Wenn Sie es nicht verstehen, ihn an das Alleinsein zu gewöhnen, werden sie immer Schwierigkeiten haben. Hält das Wimmern an, gehen sie nach einer gewissen Zeit zu ihm hin und beruhigen ihn mit leisen Worten. Schimpfen würde seine Angst nur vergrößern. Notfalls müssen sie mehrmals aus den Federn.

Mehrere Autoren, die sich ausschließlich in ihren Büchern mit der Erziehung von Hunden befassen, erwähnen in diesem Zusammenhang einen Trick, für dessen Gelingen ich mich aber nicht verbürgen will. Eine tickende Uhr mit einer Wärmeflasche in eine Decke verpackt, sollen den Herzschlag und die Wärme der Mutter vorgaukeln und den

Welpen so in den Schlaf wiegen. Rappeln darf der Wecker nachts natürlich nicht! Erlauben Sie dem Kleinen jetzt, in Ihr Bett zu kommen, müssen Sie wissen, daß ihn später, wenn ihm das „Ins-Bett-Springen" aus begreiflichen Gründen untersagt werden muß, der Kummer über das Verbot ungleich schwerer packen würde.

Hier erlaube ich mir, Ihnen eine wahre Begebenheit zu erzählen: In Abwesenheit meiner Frau gestattete ich meinem knapp einjährigen Rüden Jago, sich im ehelichen Doppelbett breitzumachen. Zwei Gründe kann ich hierfür angeben. Zum einen wollte ich erkunden, wie mein Rüde auf diese Aufforderung, zum andern, wie meine Frau auf die vorzufindende Tatsache reagieren würde. Der Rüde ließ sich nicht zweimal bitten und beanspruchte, wenn ich's recht bedenke, viel Platz. Ihm schien die neue Situation zu behagen, denn er schnarchte. Im Traum lief er, und ich mußte einige Tritte einstecken. Als meine Frau eintraf, stellte ich mich schlafend; Jago schnarchte weiter. Meine Frau überraschte uns damit, daß sie keinen von uns aus dem Bett warf, sondern sich dazulegte. Dies wiederum wurde Jago zuviel. Unter protestierendem Schnaufen verließ er unser Schlafzimmer. In der Folgezeit war es sehr schwer, ihn davon abzuhalten, unseren Betten einen Besuch abzustatten. Im Alter von fast vier Jahren schaffte er es dann noch einmal, obwohl wir umgezogen waren und die Räumlichkeiten sich geändert hatten. Sie sehen, es ist vermessen leichtfertig von „dummen Hund" zu sprechen.

In den ersten Tagen erscheint es sinnvoll, die Fütterungszeiten und das Futter des Züchters zu übernehmen.

Am liebsten würde ich es jedem verbieten, meine kleinen Welpen hochzuheben. Doch leider müssen immer wieder Ausnahmen zugelassen werden.

Verweisen Sie Ihre Bekannten, Verwandten und Kinder darauf, daß bei einem jungen Hund alle Sehnen, Bänder und Knochen von Natur aus noch weich sind. Leiten Sie hieraus die Verbote ab:
1. Niemals den Welpen an den Vorderbeinen zerren oder hochheben, als wollte man mit ihm Ringelreihen tanzen.
2. Niemals soll er unter die Ellenbogen gefaßt werden, sonst besteht die Gefahr der losen Schultern, was sehr schmerzhaft sein kann.
3. Ein Hund ist kein Kaninchen und sollte folglich auch nicht am Nackenfell hochgenommen und getragen werden. Bei dem schnell wachsenden Gewicht des Bernhardiners hängt dann sehr viel Hund an dem Stückchen Fell.

Wenn Sie den Hund richtig hochheben wollen oder müssen, verfahren Sie folgendermaßen:

Schieben Sie eine Hand unter den Po und heben ihn dann empor, während die andere Hand ihn unter der Brust im Gleichgewicht hält. Aber auch hier setzt das Gewicht des Hundes schnell eine natürliche Grenze.

Über die Art der Futterzusammensetzung wie über Menge und Anzahl der Fütterungen wird in diesem Buch an anderer Stelle ausführlich berichtet. Hier möchte ich mich auf einige Bemerkungen zum Anbringen von Futter- und Wassernapf beschränken.

Steinguttöpfe und Keramikgefäße sind wegen erhöhter Verletzungsgefahr bei Bruch nicht zu empfehlen, sehr dagegen Gefäße aus Stahl, die sich leicht reinigen lassen und nicht wie Plastikgefäße zerknabbert werden. Damit der Welpe seinen Freßnapf nicht ständig umwirft oder herumschleppt, bietet der einschlägige Hundebedarfsartikelhandel verschiedene Varianten fertiger Gestelle und Schüsseln an, die in der Höhe verstellbar sind. Um eine aufrechtere Kopf- und Nackenhaltung zu erzielen, richten wir diese Futternapfstelle ebenfalls ein. Sie sollten nicht versäumen, daß Ihr Hund stets pünktlich zu selben Zeit gefüttert wird. Läßt er einen Rest im Napf, nehmen Sie den Napf nach einer halben Stunde weg, sowohl aus erzieherischen als auch aus hygienischen Gründen. Die wenigsten Hunde bleiben gern im Regen, noch weniger fressen sie gern im Nassen. Deshalb die Bitte: Befestigen Sie Futter- und Wassernapf so, daß der Hund im Trockenen an sein Futter gelangen kann.

Probleme bei der Aufzucht

Es hieße die Augen verschließen, glaubten wir, bei unseren Bernhardinern gäbe es keine Aufzuchtprobleme. Diese ergeben sich dann um so mehr, wenn neue Bernhardinerliebhaber entweder von den Züchtern nicht genügend aufgeklärt werden oder glauben, alle gutgemeinten Ratschläge in den Wind schlagen zu können. Die meisten Aufzuchtprobleme resultieren aus einer falschen Fütterung. Man hört immer wieder den Rat „ein junger Hund soll soviel fressen, wie er will. Er kann sich nicht überfressen". Das stimmt nur in der Hinsicht, daß er nicht wegen Überfressens plötzlich am Freßnapf tot umfällt. Unkontrolliertes Füttern führt aber zur Fettleibigkeit. Diese wiederum belastet Herz und Kreislauf enorm. Die Folge ist ein Hund, der sich müde dahinbewegt, der im Sommer bei Hitze größte Schwierigkeiten zu bewältigen hat und dessen Lebenserwartung kürzer ist als die seiner vernünftig ernährten Artgenossen.

Ich kann Sie nicht eindringlich genug bitten, das Kapital „Ernährung" immer wieder gründlich durchzulesen und zu befolgen.

Unsere Rasse neigt leider dazu, ein ordentliches Gangwerk, vor allem der Hinterbeine, zu verlieren. Je größer und mächtiger unsere Bernhardiner werden, um so deutlicher ist die schwache Hinterhand zu beobachten. Auch hier muß die Regel gelten: "Friß mäßig, aber regelmäßig!" Wenden Sie sich bei allen auftretenden Schwierigkeiten an den Züchter Ihres Hundes.

Besuch beim Tierarzt

Gehen Sie innerhalb der ersten Woche, in der Sie den Welpen erhalten haben, zu einem Tierarzt. Versuchen Sie jemanden zu finden, der schon Erfahrung in der Behandlung von Bernhardinern hat, dann können Sie sich manche Aufregung, aber auch manche D-Mark sparen. Bei diesem ersten Besuch wollen Sie den Welpen nur vorstellen und sich einen Überblick über den allgemeinen Gesundheitszustand verschaffen. Geben Sie dem Welpen mindestens zwölf Stunden vor

Nach dem Spiel bin ich müde

53

dem Besuch nichts zu fressen und mindestens zwei Stunden vorher nichts zu trinken. Sie vermeiden dann eine unnötige Beschmutzung des Warte- oder Behandlungsraumes.

Ganz vorsichtige Käufer lassen in den Kaufvertrag eine Klausel einsetzen, nach der sie den gekauften Hund gegen einen neuen umtauschen oder gegen die Kaufsumme zurückgeben können, wenn der Tierarzt schwerwiegende Mängel beziehungsweise Krankheiten festgestellt hat.

Ihr Tierarzt wird Ihnen bei diesem ersten Besuch auch den genauen Termin für die zweite Grundimmunisierung geben. Diesen Termin sollten Sie unbedingt wahrnehmen, wollen Sie nicht Gefahr laufen, daß Ihr Hund sich irgendwo infiziert. Wann Sie eine Entwurmung vornehmen sollten, wird er Ihnen ebenfalls sagen. Näheres über Krankheiten erfahren Sie in dem letzten Kapitel dieses Buches.

Das Nagealter

Im Alter von zehn Wochen beginnt der Kleine zu begreifen, wo man seine spitzen Milchzähnchen überall mit Erfolg einsetzen kann. Er scheint von einem kaum zu stillenden Drang befallen zu sein, alles, aber auch alles anzunagen. In dieser Phase des Wachstums müssen Sie, im Interesse Ihres Besitzes, aber auch der Gesundheit Ihres Hundes, ein wachsames Auge auf den Kleinen haben, ihn möglichst viel beschäftigen und von den absoluten „Tabus" fernhalten. Wenn Sie ihn in diesem Alter stundenlang unbeaufsichtigt sich selbst überlassen, tragen Sie und nicht Ihr Hund Schuld an dem angerichteten Schaden. Achten Sie besonders auf zwei Dinge: Lassen Sie keine stromführenden Kabel liegen, wo der Kleine sich aufhalten darf. Nur allzusehr verleitet dieses „Spielzeug" zum Ziehen und Reinbeißen und nur allzu schnell ist der Schutzmantel des Kabels durchgebissen und Ihr Hund hat sein eben erst begonnenes Leben beendet.

Achten Sie ebenfalls darauf, daß er kein Glas erreichen kann, Schnittverletzungen an den Ballen oder gar dazwischen heilen langsam und neigen schnell dazu, sich zu entzünden. Also Vorsicht vor Strom und Glas!

Unser Jago hatte sich im Alter von zehn Monaten, als wir ihn während unseres Urlaubes bei einer guten Bekannten unterbrachten, angewöhnt, alle umherstehenden Lederschuhe zu zerbeißen und mit Ausnahme der Gummisohlen zu verschlingen. Ob er dies aus Langeweile oder Verärgerung über seinen „Revierwechsel" machte, kann ich nicht beurteilen. Schwer war es, ihm dies später wieder auszutreiben. Mit einem energischen „Pfui! Aus!" muß er bestraft werden, dann sollte das Corpus delicti entfernt und der Welpe animiert werden, an den Gegenständen zu nagen, die dafür angeschafft worden sind, beispielsweise an einem Hundekauknochen, an einem alten Brotkanten oder an einem großen Kalbsknochen, der außerdem noch gute Dienste für die richtige Zahnbildung leistet.

Gehorsam

Der Bernhardiner, der nicht folgt, wenn man ihn ruft, kann niemals eine reine Freude sein, weil man ja ständig mit der Sorge leben muß, er könne überfahren werden, sonstwie in eine Gefahr hineinlaufen oder andere Leute belästigen.

Nachdem Ihr Hund sich an das Halsband gewöhnt und auch gelernt hat, ordentlich an der Leine zu gehen, kann man beginnen, die Befehle „Komm", „Lauf", „Sitz" und „Platz" einzuüben. Den Befehl „Komm" wird er auf heimischem Gelände sehr schnell befolgen, ist er doch sehr oft mit dem Fressen oder dem Angebot an Leckereien verbunden. Schwieriger wird es außerhalb der gewohnten Umgebung. Kommt er sofort, gibt es eine Belohnung, zum Beispiel in Form von Hunde-kuchen. Reagiert er nicht, ziehen Sie ihn an der Leine zu sich heran. Die Belohnung entfällt. Es darf aber auch kein Schimpfen folgen, lediglich ein flüchtiges Streicheln.

Wahrscheinlich lernt er diese Übung sehr schnell. Ärger gibt es nur, wenn man ihn von der Leine läßt. Hier kann man sich mit folgendem Trick behelfen: Befestigen sie möglichst unauffällig am Halsband zusätzlich zur gewohnten Leine eine lange kräftige Schnur, die einen ordentlichen Ruck aushalten kann. Üben Sie an der Leine. Dann lassen Sie die Leine los und wahrscheinlich wird der Kleine sich davonmachen wollen. Warten Sie, bis er die Schnur fast abgerollt hat, rufen Sie Ihr „Komm" und kommt er, hat er die Prüfung bestanden, kommt er nicht, ziehen Sie ihn mit einem energischen Ruck von den Beinen. Dann folgt weder Belohnung noch überschwengliches Lob, lediglich ein flüchtiges Streicheln.

Diese Übung müssen Sie oft durchführen, bis Sie sicher sind, daß er in jedem Fall kommt. Erst dann können Sie daran denken, Ihren Hund frei laufen zu lassen. Beherrscht er die „Komm-Übung", kann man dazu übergehen, das „Sitz" einzuüben. Hierzu kann man ihn mit einer Hand am Halsband halten und mit der anderen sein Hinterteil herun-terdrücken, unmittelbar nachdem das „Sitz" erschallt. Damit er dieser wichtigen Übung nicht zu schnell überdrüssig wird, sollte man es nicht allzu oft am Tag üben. Die „Sitz-Übung" gehört in die Reihe der Unterordnungsübungen, zu deren Erlernen es mannigfaltige Rat-schläge in vielen Büchern gibt.

Immer wieder sollte man dem Junghund das ihm bestimmt unange-nehme Stillsitzenmüssen durch vermehrtes Lob wie „Bist ein braver Hund! Brav!" versüßen. Die Modulationsfähigkeit der menschlichen Stimme kann bewußt genutzt werden. Alle Befehle müssen kurz sein und in scharfem Ton gegeben werden. Dagegen sollen alle Lobesworte einschmeichelnd leise klingen.

Wie schnell Ihr Hund Gehorsam lernt, hängt ganz wesentlich von Ihnen ab. Haben Sie Geduld, viel Geduld! Aber seien Sie konsequent, wenn es darum geht, Ihren Willen und Befehl dem Hund aufzuzwingen. Jemand, dessen Hund erst auf den dritten oder vierten Anruf folgt, muß bei sich selbst den Fehler suchen, denn der Hund hat ja den Befehl verstanden, wie seine Reaktion zeigt, da er schließlich kommt.

Betteln bei Tisch

Dieser Abschnitt ist in erster Linie für die geschrieben, die ihren Liebling vorzugsweise im Hause halten wollen. Junghunde scheinen immer Hunger zu haben. Auch wenn sie eben erst gefressen haben, zieht sie der Duft ihres Essens magisch an. Meist von selbst zelebrieren sie die „Sitz-Übung" und schauen, den Kopf leicht schief gestellt, ob nicht für sie etwas abfällt.

Dabei läuft ihnen das Wasser im Maul buchstäblich zusammen und an den geöffneten tiefhängenden Unterlefzen herunter auf den Boden. Hieraus sollte jeder den Schluß ziehen: Der Hund gehört beim Essen weder in die Küche noch ins Eßzimmer. Er wird größer und vermag bald über den Tisch zu blicken. Als nächstes wird er seinen Kopf, aus dem es tropft, wie selbstverständlich auf das Tischtuch, vielleicht auch in den nächsterreichbaren Teller legen. Nicht alle Gäste finden das so niedlich wie Sie! Meine Familie meint, ich solle mich an die eigene Nase packen, denn bei entsprechender Konsequenz meinerseits hätte unser Jago sich nie das gebratene Hähnchen von meinem Teller holen dürfen. So aber stand er da, das Hähnchen im Maul, und lachte mich aus, so schien es.

Das leidige Anspringen

Ihr Bernhardiner ist zwischenzeitlich gewachsen, wiegt mit seinen 16 Monaten gut und gern 60 kg und kommt urplötzlich auf Sie zugeflogen, um an Ihnen, wie er es gewohnt ist, hochzuspringen und seiner Begrüßungsfreude Ausdruck zu geben. Da müssen Sie schon standhaft sein, um nicht umzufallen. Aufgerichtet kann er Ihnen nun bequem mit seiner Zunge das Gesicht ablecken. Bei entsprechender Kleidung und gutem Wetter macht Ihnen diese Begrüßung Spaß, zeigt sie doch die Zuneigung Ihres Hundes zu Ihnen. Und bei schlechtem Wetter? Oder gar bei anderen Leuten? Sie werden sicherlich mit mir übereinstimmen, daß das Anspringen unterbunden werden muß.

Beim Junghund ist dies noch relativ leicht zu erreichen. Jedesmal,

Kopfstudie der
„Cilla von
der Kutten-Kuhle"

wenn er hochsteigen will, drücken Sie ihn sanft, aber bestimmt auf die Hinterbeine nieder. Dem ruhig ausgesprochenen „Sitz" muß ein Loben und Streicheln folgen. Bleiben Sie konsequent.

Haben Sie in der Jugend versäumt, dies anzuerziehen, muß das nicht bedeuten, daß der ausgewachsene Bernhardiner es nicht mehr lernen kann. Nur müssen Sie schon ein wenig härter zupacken, damit er merkt, was Sie von ihm wollen. Sie haben die Möglichkeit, ihn am Halsband oder im Nackenfell zu packen und ihn mit einem scharfen „Pfui! Aus!" herunterzuziehen. Oder treten Sie ihm leicht auf die Hinterpfoten, wenn er aufgerichtet steht. Drehen Sie sich zur Seite, wenn sie sehen, daß er zum Sprung ansetzt. Aber machen Sie Ernst, lassen Sie ihn das nicht als Spiel auffassen. Es nützt auch, ihn gegen das schnell hochgezogene und angewinkelte Knie springen zu lassen. Nur müssen Sie standfest sein, sonst ist er über Ihnen, und für ihn geht dann das Spiel erst richtig los. Sobald Sie auf dem Boden liegen, ist er der mächtigere. Ohne blaue Flecken und stark verschmutzte Kleidung geht dieses Spiel kaum zu Ende.

Das Leben mit erwachsenen Bernhardinern

In den bisherigen Kapiteln war in erster Linie vom Welpen oder Junghund die Rede. Natürlich kann auch einem erwachsenen Bernhardiner noch Gehorsam beigebracht werden, doch gehört hierzu ungleich mehr Einfühlungsvermögen und Geduld als bei der Arbeit mit einem jungen Hund. Zunächst müssen Sie das absolute Vertrauen Ihres Hundes erringen. Ihr Hund muß Sie akzeptieren, Sie als „Rudelführer" anerkennen. Dann erst dürfen Sie dazu übergehen, ihn zu erziehen.

Einen ausgewachsenen, sprich „fertigen" Bernhardiner zu erwerben, würde ich Anfängern in der Hundehaltung nicht empfehlen. Die Sorgen der richtigen Aufzucht sind Ihnen zwar abgenommen, dafür müssen Sie erst behutsam seinen Charakter studieren. Das können Sie aber nur, wenn Sie entweder ausführlich mit dem Vorbesitzer gesprochen haben oder, noch besser, den Hund in seiner alten Umgebung mehrmals erlebt haben.

Damit wird bei erwachsenen Hunden von vornherein der Kauf beim Händler ausgeschlossen sein. Wenden Sie sich wieder an die Züchter. Verfahren Sie genauso, wie wenn Sie einen Welpen erwerben möchten.

Derjenige wird eher einen erwachsenen Hund glücklich machen, der ihn aus Züchterhand – da er vielleicht nur einer unter vielen ist – ins Haus holt, wo er der verwohnte Star wird, als jener, der den umgekehrten Weg einschlägt. Ein Bernhardiner, der seine ganze Jugend im Wohnhaus innerhalb der Familie verbracht hat, wird sich sehr schwer tun, wenn Sie ihn in einen Zwinger stecken wollen.

Ich kann nur abraten, diesen Weg zu gehen. In den meisten Fällen trauern die Hunde den alten Besitzern eine Zeitlang nach, dann fressen sie schlecht, bellen oder heulen viel, sind manchmal unansprechbar. Doch je mehr Zeit Sie jetzt für ihn aufwenden, mit ihm spazierengehen, mit ihm zu spielen versuchen, ihn immer wieder kraulen und vor allem ruhig zusprechen, um so schneller wird er sich Ihnen zuwenden.

59

Steuer und Versicherung

Eines ist gleich, ob Sie einen Junghund oder einen erwachsenen Hund erwerben, Sie werden nicht nur vom Züchter zur Kasse gebeten. Ab seinem dritten bzw. vierten Lebensmonat – das ist in den einzelnen Gemeinden unterschiedlich – ist jeder Hund steuerpflichtig. Er muß dann bei Ihrem Steueramt angemeldet werden. Leider ist auch die Höhe der zu entrichtenden Hundesteuer in der Bundesrepublik nicht einheitlich. Sie schwankt zwischen DM 15,– und DM 180,–. Dieser Betrag gilt für ein Kalenderjahr.

Man sollte annehmen, daß diese Hundesteuer dazu dient, in den Städten angemessene Hundeauslaufgebiete zu schaffen und zu unterhalten. Doch weit gefehlt, nichts dergleichen geschieht. Die Hundesteuer ist eine nicht zweckgebundene Einnahme der Gemeinden. So werden die Einnahmen noch nicht einmal den örtlichen Tierschutzheimen und -vereinen zugeleitet.

Fragen Sie nach dem Sinn dieser Steuer, so erhalten Sie – allerdings nur hinter vorgehaltener Hand – zur Antwort: „Die Hundesteuer ist eine Schutzsteuer, das bedeutet, durch diese Belastung soll erreicht werden, daß Hundefreunde nicht zu viele Hunde halten."

Neben der Normalhundesteuer gibt es noch die „Zwingersteuer" und die „Wachhundsteuer". Zwingersteuern sind ermäßigte Hundesteuern, die der Züchter zu zahlen hat, wenn er bestimmte Auflagen erfüllt. Zum Beispiel darf er nur Tiere einer Rasse halten und nur solche, die zur Zucht zugelassen sind. Ferner muß er mindestens alle zwei Jahre einen Wurf nachweisen können, um in den „Genuß" der ermäßigten Steuer zu kommen. Die „Wachhundsteuer" ist ebenfalls eine ermäßigte Hundesteuer und darf nur dann genehmigt werden, wenn den Behörden nachgewiesen werden kann, daß der Wachhund fast ständig durch räumliche Abgrenzung oder durch *„an die Kette legen"* in einem bestimmten Wachbereich vorhanden ist.

Eine Haftpflichtversicherung sollte für jeden Hundehalter eine Selbstverständlichkeit sein. Glauben Sie nicht, so etwas benötigten Sie nicht, Ihr Hund sei so gut erzogen, daß er nicht allein über die Straße liefe, er beiße weder Hunde noch Menschen, er springe keine Bekannten an.

Doch geschieht es nur einmal und es passiert ein folgenschwerer Unfall, oder er beißt Ihren besten Todfeind, und Sie sind dann nicht hundehaftpflichtversichert, so zahlen Sie aus Ihrer eigenen Tasche. Die

Guten Appetit – vier Wochen alter Wurf

Jahresprämien sind bei den einzelnen Versicherungen unterschiedlich hoch – es lohnt sich also zu vergleichen. Es besteht auch die Möglichkeit, bei einer bereits bestehenden Haftpflichtversicherung eine Zusatzversicherung abzuschließen, deren Jahresprämie etwas geringer sein dürfte.

Was heißt züchten?

„Das ist doch klar", werden einige sagen? „Man läßt eine Hündin und einen Ruden zusammen, damit nach einer bestimmten Zeit Junge geboren werden, die man möglichst gewinnbringend verkauft!" Halt! Sie meinen „vermehren", züchten ist viel, viel mehr.

Da jedes Lebewesen das Produkt aus vererbbaren Faktoren und Umwelteinflüssen ist, müssen diejenigen, die züchten wollen, sich sehr intensiv mit der Vererbungslehre befassen.

Die Vielzahl der verschiedenen Hunderassen läßt sich von einer Stammform ableiten.

Durch ein beständiges, über viele Jahrhunderte währendes Aussuchen und Ausmerzen bestimmter Körper- und Verhaltensmerkmale sind diese Rassen entstanden. Wird beispielsweise der Foxterrier auf größtmögliche Raubwildschärfe gezüchtet, so wird in der Bernhardi-

61

nerzucht besonderer Wert auf den ruhigen, gutmütigen Charakter gelegt.

Einige Rassezuchtverbände versuchen immer kleinere Hunde zu züchten, andere wollen immer höher hinaus. Extreme Zuchtrichtungen wie Zwergformen, Riesenwuchs, Gnomengesichter, übertrieben lange Haare usw. sind das Ergebnis sorgfältigster Selektion (Auswahl) über Generationen, wobei der Rassestandard oft durch den etwas bizarren Geschmack der Züchter und Liebhaber fixiert wird.

Eine planmäßige Züchtung versucht eine bestimmte Rasse nicht nur zu vermehren, sondern sie auch zu verbessern. Um etwas verbessern zu können, muß man einen möglichst genauen Überblick darüber erwerben, was als besonders gut beziehungsweise besonders schlecht für eine Rasse festgelegt ist. Betrachten Sie auch in diesem Sinne den eingangs beschriebenen Standard des Bernhardiners.

Die gründliche Auswahl des passenden Zuchtpartners bedeutet die erste und gleichzeitig schwierigste Aufgabe des Züchters. Er muß bedenken, daß Rüde wie Hündin gleichermaßen ihre Erbanlagen weitergeben. Deshalb sollten die Erbanteile beider Eltern von möglichst vollkommen gleicher und bester Ausstattung sein.

Es kann nicht der Verbesserung der Rasse – dem erklärten Zuchtziel – dienen, wenn man eine schlechte Hündin mit dem besten Rüden paart. Es ist erwiesenermaßen falsch, wenn alle Hoffnungen auf die Vererbungskraft des Rüden gelegt werden.

Diese „Zufallszüchter" werden auf Dauer keinen positiven Zuchtbeitrag leisten können, wenn sie der Erblehre nicht genügend Beachtung schenken. Der nächstbeste ist häufig nicht der ideale Partner.

Fehler ebenso wie besondere Vorzüge körperlicher oder wesensmäßiger Art verstärken sich, je enger die Blutlinie ist. Je nach dem Grad der Verwandtschaft nennt man sie Inzucht (Verwandtschaftszucht) oder Inzestzucht (engste Verwandtschaftszucht). Beispiele für die Inzestzucht sind Vater gepaart mit Tochter, Mutter gepaart mit Sohn, aber auch Bruder gepaart mit Schwester aus einem Wurf.

Es bedarf manchmal vieler Generationen, um negative Erbfaktoren wieder wegzuzüchten oder um besonders erwünschte Eigenschaften fest in der Zucht zu verankern.

Bei jedem Wurf sollte weniger die Anzahl der Welpen als vielmehr die Qualität entscheidend sein. Deswegen muß ein gewissenhafter Züchter auswählen und gegebenenfalls regulierend eingreifen. Nur die besten sollten wieder in die Zucht gelangen.

Einige Faktoren lassen sich nur dann als zum Erbbild (Genotyp) gehörend erkennen, wenn man diese Faktoren schon bei den Eltern, Großeltern und Urgroßeltern feststellen konnte. Die Ahnentafeln sagen darüber nicht genügend aus. Züchter und Besitzer der Vorfahren sollte man nach Möglichkeit danach befragen.

Es muß unbedingt darauf hingewiesen werden, daß nicht unbedingt der am meisten preisgekrönte Bernhardiner seine Vorzüge am besten vererbt. Gar nicht selten sind Bruder und Schwester des Champions bessere Vererber als dieser selbst.

Die im St.-Bernhards-Klub e. V., Sitz in München, zusammengeschlossenen Züchter unterwerfen sich den „Eintragungsbestimmungen für das Bernhardiner-Stammbuch (BSB)".

Hieraus seien einige Paragraphen aufgeführt:

§ 1 Der St.-Bernhards-Klub hat in seiner Sitzung vom 15. Dezember 1892 beschlossen, ein Spezialzuchtbuch für St.-Bernhardshunde einzurichten, um einerseits den Liebhabern dieser Rasse Gelegenheit zu geben, ihre reingezüchteten Hunde eintragen zu lassen, andererseits ein übersichtliches, vollständiges Zuchtregister für diese Rasse zu schaffen, aus welchem die Abstammung, Vererbung, Prämierung einzelner Hunde ersichtlich ist. Endlich sollen durch möglichst zahlreiche Abbildungen Typen einzelner Hunde und Familien festgehalten werden, damit dem Züchter feste Anhaltspunkte für seine Zuchtbestrebungen geboten und gleichzeitig die großen Gruppen mit ihren Haupttypen für das Studium der Vererbung zugänglich gemacht werden, was nur durch bildliche Darstellung ganz erreicht werden kann.

§ 4b Der St.-Bernhards-Klub empfiehlt dringend, nicht mehr als sechs Welpen im Wurf aufzuziehen. Sollen aber mehr als sechs Welpen in einem Wurf aufgezogen werden, muß der Wurf auf Kosten des Züchters vom Zuchtwart unter Hinzuziehung des Tierarztes des öfteren besichtigt werden. Nur so kann der Zustand der Mutterhündin und die Entwicklung der Welpen beobachtet und eine Tierquälerei vermieden werden. Hat man einer Hündin mehr als sechs Welpen belassen, erhält sie immer ein Zuchtverbot von zwei Jahren . . . Aus ungewollten Verbindungen gefallene Welpen von zu jungen Tieren können nur eingetragen werden, wenn ein Körmeister diese Elterntiere für zuchttauglich hält. Das Alter am Decktag ist maßgebend. Grundsätzlich erhalten diese zu jungen Tiere (Hündin wie Rüde) ein Zuchtverbot von 24 Monaten. Welpen, die den Rassekennzeichen (siehe Standard) nicht entsprechen und Würfe, in denen Rotnasen vorhanden sind, können nicht in das Zuchtbuch eingetragen werden (Rotnasen werden die Bernhardiner genannt, deren Nasenschwamm nicht schwarz, sondern rotbraun gefärbt ist).

§ 4c Eine Hündin darf nur jede zweite Hitze zur Zucht benutzt werden. Der Abstand von Wurf zu Wurf muß aber mindestens zehn Monate betragen.

. . . Inzestverbindungen sind nicht gestattet. Diese Nachzucht wird nicht eingetragen.

. . . Die Elterntiere müssen beide mindestens 20 Monate alt sein.

§ 10 Die Welpen eines Wurfes haben zur Kennzeichnung desselben mit dem gleichen Anfangsbuchstaben zu beginnen, zum Beispiel *der erste Wurf des Züchters* mit dem Buchstaben A, der zweite mit B usw.

Um Verwechslungen zu vermeiden, darf ein einmal gegebener Rufname für den gleichen Zwinger, wenn das Alphabet wiederholt wird, nicht mehr vergeben werden.

§ 19 Welpen dürfen erst im Alter von acht Wochen abgegeben werden. Sie müssen entwurmt, frei von Ungeziefer und Krankheit sein.

Diese Hinweise könnten genausogut ihren Platz in den Vorüberlegungen zum Kauf eines Bernhardiners haben. Nutzen Sie dieses Wissen bei der Auswahl Ihres Hundes.

In diesem Zusammenhang möchte ich ganz kurz auf die oft vorgebrachte Frage eingehen: „Muß ich aus gesundheitlichen Gründen nicht einmal die Hündin Junge bekommen lassen?" Führende Veterinärmediziner wie Dr. H. G. Niemand (Mannheim) und Dr. F. Brunner (Wien) verneinen diese Frage ganz entschieden.

Bernhardiner halten ist ein schon nicht gerade billiges Vergnügen, Bernhardiner züchten bedeutet, sehr viel Zeit, eine Menge Geduld und ziemlich viel Geld zu investieren, ohne Garantie auf Erfolg zu haben.

Es sollten sich alle sehr gründlich überlegen, ob sie diese Opfer auf sich nehmen wollen.

Begegnungen mit Artgenossen auf Spaziergängen

Gehen Sie mit Ihrem erwachsenen Bernhardiner spazieren, geschieht es tagtäglich, daß Sie anderen Gespannen Mensch–Hund begegnen, wobei nicht immer eindeutig geklärt scheint, wer wen an der Leine hat. Bei diesen Begegnungen kann man vieles erleben. Eines der möglichen Erlebnisse möchte ich Ihnen nicht vorenthalten.

Da Sie zu den Hundebesitzern gehören, die auch schon mit dem Welpen und Junghund spazierengegangen sind, haben Sie sicherlich frühzeitig erkannt, daß Sie von Ihrem Hund Disziplin verlangen müssen. In den Zeilen über die Erziehung Ihres Bernhardiners legte ich das Hauptgewicht auf das Verhalten des Hundes dem Menschen gegenüber. Nun geht es darum, Ihrem Hund Disziplin anderen Hunden gegenüber abzuverlangen.

Als Welpe und Junghund bis zu etwa zwölf Monaten war Ihr Bernhardiner willkommener Spielgefährte anderer Hunde verschiedenster Rassen. Es zeigte sich, daß kleinere, jedoch ältere Hunde deutlich reservierter im Spiel waren als größere Hunde. Es hätte ja auch gereicht, wenn Ihr zwölf Monate alter Junghund einem Pekinesen im Spiel auf den Rücken gesprungen wäre, um diesem das Rückgrat zu brechen. Zu Beginn dieser Begegnungen hat Ihr Hund wohl sehr oft auf dem Rücken gelegen und sich manches Mal „aus Angst in die Hose gemacht". Dieses Verhalten eines jungen Hundes älteren gegenüber ist angeboren. Es zeigt einmal dem Älteren, ich bin klein, tue mir nichts. Zum anderen ist dies eine Aufforderung zum Spiel. Diese Unterwerfungsgeste, bei der der Kleine dem Großen seine verwundbarste Stelle, die Halsschagader darbietet, bewirkt bei dem Großen eine sogenannte Beißhemmung. Er, der sonst bei jeder Rauferei dabei ist und kräftig zupackt, kann diesem Kleinen nichts tun. Viele erwachsene Hunde verhalten sich ebenso, wenn sie einen anderen als den Stärkeren anerkennen und es nicht zum Kampf kommen lassen wollen.

Doch fast unmerklich wurde Ihr Hund älter und reifer. Aus dem ängstlichen, vorsichtigen Welpen wurde ein selbstbewußter Bernhardiner, der ob seiner Größe und kräftigen Erscheinung kaum noch Spielkameraden findet. Mit diesem gehen Sie nun spazieren. Und plötzlich stehen Sie einem fremden Hund gegenüber, der ohne Herrn oder Frauchen ist. Beide Hunde erstarren. Fast unmerklich straffen sich die Körper. Sie nehmen ihre „Imponierhaltung" ein, das heißt, sie nehmen die Schwänze waagerecht in die Höhe und richten sich so hoch es geht auf. Langsam und steifbeinig schreiten sie aufeinander zu. Die Ohren bilden zum Kopf ein Dreieck. Schließlich stehen sie Seite an Seite und Kopf an Schwanz und beriechen gegenseitig die Afterregion. Dies ist ein Ausdruck der Selbstsicherheit. Schwindet die Selbstsicherheit, senkt sich als äußeres Zeichen der Schwanz des Betreffenden. (Auch innerhalb eines Wurfes, also im Welpenalter, kann man an der Stellung des Schwanzes beim Kampfspiel den Mut der einzelnen ablesen. Je höher der Schwanz getragen wird, um so mutiger ist der Welpe.)

Nun noch ein sehr ernst gemeinter Rat: Sollte es sich einmal ergeben, daß Ihr Bernhardiner sich in einem Kampf mit einem anderen Hund befindet, treten Sie in keinem Fall dazwischen, um die Kampfhähne zu trennen. Der fremde Hund fühlt sich noch bedrohter und würde deshalb fester zupacken, der eigene Hund fühlt sich behindert beziehungsweise von Ihnen angegriffen, und nicht selten wird derjenige, der dazwischen steht, von einem oder gar beiden angefallen.

Bitte nicht mehr stören
(Golo v. Neuen Moor)

Haben Sie Wasser zur Hand, versuchen Sie die Hunde durch einen kräftigen Wasserguß abzulenken und zu trennen. Doch wer hat schon auf einem Spaziergang diese Möglichkeit!? Es bleibt Ihnen gar nichts anderes übrig, als den Kampf abzuwarten. Es nützt gar nichts, sondern vergrößert die Kampfwut, wenn Sie auf einen oder beide Hunde einschlagen.

Da dies Rangordnungskämpfe sind, werden bei instinktsicheren Hunden keine tödlichen Wunden geschlagen werden. Doch wer kann schon wissen, ob wir instinktsichere Hunde haben?

Mit dem Bernhardiner auf Ausstellungen

Während es für die Züchter eine wichtige Verpflichtung ist, mit ihren Bernhardinern auf Ausstellungen zu erscheinen, wird es von den Liebhabern als eines von den vielen Erlebnissen mit ihrem Hund gewertet. Für sie ist ihr Hund, gleich welches Urteil der Richter abgeben wird, immer der schönste.

Dem Züchter ist aus mehreren Gründen daran gelegen, seine Tiere, auch seine verkauften, auf Ausstellungen zu zeigen. Einmal kann er sich auf Ausstellungen durch besondere Plazierungen seiner Hunde einen Namen machen, was sich in einem guten Welpenverkauf niederschlagen kann. Zum anderen muß er seine jüngeren Hunde einer Zuchteignungsprüfung unterziehen (auch Körung genannt), bevor er sie zur Zucht verwenden darf.

Als Interessent unserer Rasse haben Sie die Möglichkeit, sich genauestens umzusehen, Stockhaar mit Langhaar zu vergleichen, einen Überblick über das Zuchtmaterial zu erhalten und vor allem eine Reihe von Züchtern kennenzulernen und mit Fragen zu bombardieren. Die Bernhardiner werden auf den Ausstellungen nach Altersgruppen, aber auch Leistung gestaffelt in den „Ringen" den Richtern vorgeführt: Jüngstenklasse (6–9 Monate alt), Jugendklasse (9–18 Monate alt), Offene Klasse (ab 15 Monaten) und Siegerklasse (nur für Hunde mit bestimmten Siegertiteln). Während andere Rassen wie Schäferhunde oder Boxer Gehorsamsübungen absolvieren müssen, werden Bernhardiner nur auf sogenannten Schönheitsausstellungen vorgeführt. Da Schönheit aber vom Geschmack abhängt und somit leicht subjektiv bewertet wird, gilt der Standard als Richtlinie für die Beurteilung durch die Richter. Bevor Sie mit Ihrem Hund eine Ausstellung besuchen wollen, empfiehlt es sich, mehrere Schauen ohne Hund aufzusuchen, um den „alten Hasen" einige Tricks bei der Vorführung abschauen zu können, aber auch, um den eigenen Hund mit denen der möglichen Konkurrenz vergleichen zu können.

Die von den Richtern zu vergebenden Bewertungen drücken sich in den Noten befriedigend, gut, sehr gut und vorzüglich aus.

„Befriedigend" wird erteilt, wenn ein Hund, auf den Standard bezogen, schwerwiegende Fehler aufweist, die die Rassekennzeichen gar nicht oder nur wenig zur Erscheinung kommen lassen. Man spricht auch vom Hund ohne Typ.

„Gut" wird den Hunden gegeben, die zwar besser als die vorgenannten sind, bei denen aber ebenfalls so schwerwiegende Fehler vorliegen, daß diese Hunde zur Zucht nicht zugelassen werden.

Die Note „sehr gut" wird an die Hunde vergeben, die rassetypisch sind, aber doch einige Fehler aufweisen. Diese Note rechtfertigt die Zulassung zur Zucht.

Ein „vorzüglich" ist das erstrebte Ziel eines jeden Ausstellers. Es wird an die Hunde vergeben, die in hohem Maße dem Rassestandard entsprechen und so dem Idealtyp möglichst nahe kommen. Da kein Hund absolut fehler- oder mängelfrei ist, wird unter den vorzüglichen Tieren die Plazierung 1. bis 4. vergeben. Die Unterschiede sind oft so gering, daß nur die direkte Gegenüberstellung entscheidet. Außerhalb des Ringes sind diese Kleinigkeiten nur sehr unvollkommen zu bemerken, wodurch manchmal Richterurteile in falschem Licht erscheinen können. Zum Beispiel ist es nur dem Richter möglich, die Gebisse zu vergleichen.

In Deutschland richtet der Dachverband der Rassevereine, der VDH, internationale und allgemeine Zuchtschauen aus. Auf diesen Ausstellungen sind sehr viele Rassen vertreten im Gegensatz zur Spezialzuchtschau, die der jeweilige Rassehundeverein in eigener Regie durchführt.

Mit dem Bernhardiner auf Reisen

In unseren Nachbarstaaten werden ebenfalls sehr viele Rassehundeschauen abgehalten. Wenn Sie diese mit Ihrem Hund besuchen wollen, kommen Sie ohne Übernachtungen und lange Autofahrten kaum zurecht. Dies artet in einen Kurzurlaub aus, für den genau wie für jeden anderen Urlaub bestimmte Dinge vor Antritt der Fahrt geregelt sein müssen. Daß Ihr Bernhardiner stubenrein und gesund ist, sollte

Die absolute Spitzenhündin „Herta v. Roten Kreuz"

eine selbstverständliche Voraussetzung sein. Ebenso wird es Ihnen nicht in den Sinn kommen, eine läufige oder tragende Hündin mit auf die Reise zu nehmen.

In den meisten Ländern ist eine vorbeugende Schutzimpfung gegen Tollwut zwingend vorgeschrieben. Die letzte Tollwutimpfung muß dabei mindestens vor 30 Tagen, höchstens aber ein Jahr vorher verabreicht worden sein.

Einigen wenigen Ländern ist dies noch zuwenig Schutz für die einheimischen Tiere. Sie verlangen deshalb eine Quarantänezeit, deren Dauer in Monaten hinter dem Land in Klammern angegeben ist: Finnland (4), Großbritannien (6), Irland (6), Norwegen (4), Schweden (4). Für die meisten europäischen Länder müssen Sie die Impfbescheinigung, die im Internationalen Impfpaß eingetragen ist, vom Amtstierarzt bestätigen lassen.

Doch das sind gar nicht die eigentlichen Sorgen der Bernhardinerfreunde. Es ist so schwer, mit einem 90 kg schweren Hund ein Hotel oder eine Pension zu finden, die nicht höflich, aber bestimmt ablehnt. Aus diesem Grund muß der geliebte Vierbeiner dann traurig und einsam zu Hause bleiben. Wenn er in seinem Heim von Bekannten versorgt werden kann oder wenn man sich über den örtlichen Tierschutzverein die Adresse eines vertrauenswürdigen Tiersitters geben

69

läßt, ist der Schmerz nicht so groß, wie wenn er in ein Tierheim oder eine Tierpension gegeben werden muß.

Ein anderes Urlaubsproblem muß auch aus Rücksicht auf die Gesundheit des Bernhardiners überdacht werden: Die Auswahl des Urlaubslandes oder -ortes.

Namentlich unseren langhaarigen Bernhardinern werden Sie keine Urlaubsfreuden bescheren, wenn Sie ihn beispielsweise ins heiße Italien oder Spanien mitnehmen. Dagegen bestehen keine Bedenken, ihn mit in den Wintersport zu nehmen. Achten Sie allerdings darauf, daß Ihr Hund *nichts* auf den Pisten zu suchen hat.

Die Bernhardiner lieben das Wasser und schwimmen gerne und gut. Hier könnten sich die Familieninteressen mit denen des Hundes decken. Verständlicherweise gibt es eine Reihe Seebäder, bei denen Hunde nur auf besondere Strandabschnitte mitgenommen werden dürfen.

Der Trend zur Ferienwohnung oder zum Chalet kommt unserem Hund natürlich entgegen, hat er hier doch die Chance, sein Bewegungs- und Platzbedürfnis annähernd wie zu Hause befriedigen zu können. Zudem stört es nur Sie und Ihre Familie, wenn er seinem Unmut durch Bellen Luft macht. Im Hotel oder in der Pension würden bald die ersten Beschwerden kommen.

Unser Hund wird alt – Der letzte Weg

Im Volksmund gibt es den Vergleich: Ein Hundejahr entspricht sieben Menschenjahren. Dieser Vergleich hinkt. Unser Bernhardiner ist mit zwölf Monaten bereits geschlechtsreif. Ein siebenjähriges Menschenkind ist aber immer noch ein Kind.

Ein Hund, der vernünftig ernährt und gehalten wird, bleibt bis ins Alter hinein vital. Schlanke – nicht magere – Hunde leben länger als fette. Doch in welchem Alter gilt der Bernhardiner als alt? Während ein neunjähriger Dackel oder Rehpinscher immer noch im besten Alter sein kann – bei einem Endalter von 14 bis 16 Jahren –, gilt ein neunjähriger Bernhardiner schon als recht alt. Nur wenige sind bekannt, die über zehn Jahre alt geworden sind. Es gibt kurz- und langlebige Rassen. Alle Zwergrassen werden durchschnittlich viel älter als die „Riesenrassen". Außerdem ist ein rasches oder langsames Altern zum Teil erblich bedingt. Deshalb sollte ein vorzüglicher Rüde, wenn er mit neun Jahren noch vital ist, jüngeren Rüden in der Zucht vorgezogen werden, besteht doch die Chance, daß er seine Langlebig-

*Eine vorzügliche
Langhaarhündin*

keit weitervererbt. Anders ist es bei der Bernhardinerhündin. Hier
stellen sich bei älteren Tieren (über sieben Jahre) häufiger Geburts-
schwierigkeiten ein als bei jüngeren.

Woran erkennt man, daß der Hund alt ist? Der Besitzer wird meist
der letzte sein, der Veränderungen an seinem Hund feststellt. Häufig
sind es Bekannte, die nach längerer Zeit den Hund wiedersehen und
ausrufen: „Der Barry wird auch immer älter!" Dann sehen wir es auch.
Es fällt uns wieder ein, daß er im letzten Sommer die warme Sonne
gesucht hat, die er früher immer gemieden hat. Und jetzt im Winter
liegt er nur in der Mittagszeit einige Stunden vor der Hütte, ansonsten
sucht er das wärmende Stroh auf. Dann schläft er auch länger als
früher. Auf den Spaziergängen tobt er nicht mehr so viel mit anderen
Hunden wie früher. Mit einem Wort, er ist viel ruhiger geworden. Mit
zunehmendem Alter tritt häufig eine Verstopfung der Analdrüsen ein,
die der Hund durch Auf-dem-Hintern-Rutschen zu entleeren versucht.
Hier sollte der Tierarzt zu Rate gezogen werden.

Sofern er nicht eines Tages plötzlich tot im Zwinger liegt, stehen alle
Hundebesitzer einmal vor dem schweren Entschluß, sich von ihrem
Hund, der sie mehrere Jahre begleitet hat, trennen zu müssen. Starke

71

Schmerzen und Altersbeschwerden des Hundes sollten uns den Mut geben, mit ihm den letzten Weg zu gehen. Derjenige, dem er während seines Lebens am meisten zugeneigt war, sollte mit ihm zum Tierarzt gehen, bei ihm bleiben, bis die Betäubungsspritze wirkt; die letzte Spritze nimmt er schon nicht mehr wahr. In diesen letzten Minuten mildern Sie durch Ihre Gegenwart seine Angst vor dem Tierarzt.

Ist der erste Schmerz über den Verlust Ihres treuen Bernhardiners vorbei, werden Sie sicherlich den Wunsch haben, wieder einen Hund dieser Rasse zu erwerben. Das Rad wird sich von neuem drehen. Nur vergessen Sie eines nicht: Kein Hund ist wie der andere; Aussehen und Geschlecht können Sie aussuchen, doch im Charakter kann, aber muß er nicht dem ersten gleichen.

Ernährung

Die wildlebenden Ahnen unseres Hundes waren Jäger. Sie verzehrten ihre Beute mit Haut und Haar. Bevorzugte Leckerbissen waren die Innereien. Magen und Darm ihrer Beutetiere enthielten auch vorverdaute Pflanzen und wichtige Vitamine. Wölfe und Wildhunde fraßen also nicht nur Fleisch. Genauer wäre die Bezeichnung „Tierfresser". Aus Untersuchungen des Mageninhaltes wissen wir, daß darüber hinaus praktisch alles auf dem Speisezettel stand, was die Natur bot.

Angemessene artgemäße Nahrung hat der Hundehalter seinem Hund nach dem Tierschutzgesetz anzubieten. Unkenntnis und falsch verstandene Tierliebe können leicht zu Tierquälerei führen: Der Hund ist kein Resteverwerter; mit Süßigkeiten ist ihm nicht gedient. Falsche Ernährung kann Fettsucht, innere Erkrankungen oder Hautkrankheiten verursachen. „Angemessen" ist nur eine gesunderhaltende Nahrung. Die Freßgewohnheiten der Wildtiere zeigen, wie das Futter zusammengesetzt sein muß:

Fleisch ist die Ernährungsgrundlage. Es enthält neben Salzen, Geschmacksstoffen und Vitaminen vor allem Eiweiß. Reines Muskelfleisch oder Herz kann ebenso wie ausschließlich minderwertige sehnige, häutige oder knorpelige Teile zu Verdauungsstörungen führen. „Artgemäß" ist eine aus leichter und schwerer verdaulichen Bestandteilen gemischte Fleischgrundlage. Dazu gehört auch tierisches Fett. Es dient als Energiequelle.

Pflanzen enthalten neben Eiweiß, Vitaminen und Mineralstoffen vor allem Stärke und Zucker. Diese Kohlehydrate liefern ebenfalls Energie. Sie muß aber durch Erhitzung „aufgeschlossen", d. h. verdaulich gemacht werden. Für Sättigung, Darmfüllung und geregelte Verdauung sorgen unverdauliche Rohfasern, die vor allem in Rohkost, aber auch in Hundeflocken, jedoch nur in geringem Maß in gekochtem Reis enthalten sind.

Eine vielseitig zusammengesetzte Nahrung enthält auch Vitamine. Das sind Wirkstoffe, die für Stoffwechselprozesse wie Blutgerinnung, Nervenfunktion oder Infektabwehr benötigt werden, die der Körper jedoch selbst nicht produzieren kann. Mineralstoffe und Spurenelemente sind nicht nur für den Knochenbau, sondern auch für viele andere Stoffwechselprozesse unerläßlich.

Eine Wissenschaft für sich?

Erhaltungs- und Leistungsbedarf, Nährwerttabellen, Kalorien und Joule – das ist schon eine Wissenschaft für sich – beflügelt durch die Futtermittelindustrie. Bei allem Respekt wundert sich der Praktiker, daß trotz Unkenntnis und Fehlern früherer Zeiten die Spezies Haushund nicht längst ausgestorben ist. Zum besseren Verständnis genügen folgende Überlegungen:

Der Körper des erwachsenen Hundes befindet sich in einem dauernden Umbau. Zur Erhaltung der Körpersubstanz sind daher Eiweißbausteine erforderlich, für die damit verbundenen Stoffwechselvorgänge Energielieferanten, Vitamine und Mineralstoffe. Das Futter soll in der Trockenmasse etwa ein Drittel Eiweiß, mindestens fünf Prozent Fett und höchstens die Hälfte Kohlehydrate enthalten.

Welpen und Jungtiere brauchen für ihr Wachstum mehr Nahrung als gleich schwere erwachsene Hunde, bis zum sechsten Monat etwa doppelt so viel und dann immerhin noch fünfzig Prozent mehr. Ihr Futter soll zu zwei Dritteln, später mindestens zur Hälfte aus Fleisch und anderen Eiweißstoffen bestehen.

Diese Richtwerte gelten nur bei normaler Belastung. Besondere Leistungen erfordern eine Zulage. Als Fleischfresser kann der Hund zwar auch aus Eiweiß Energie gewinnen, die Ausbeute ist jedoch gering (und teuer). Zugelegt werden daher kohlehydrathaltige Futtermittel. Erhaltungs- und Leistungsbedarf sind praktisch nicht zu trennen. Bei Dauerarbeit kann bis zu viermal mehr Energie als bei Ruhe verbraucht werden.

Die wichtigsten Grundregeln

Die Futterration kann nicht mit der Briefwaage abgemessen werden. Neben Alter und Leistung ist die individuelle Veranlagung des Hundes ausschlaggebend; es gibt gute und schlechte Futterverwerter. Ein normal veranlagter, durchschnittlich beanspruchter erwachsener Bernhardiner braucht täglich 1,5 bis 2 kg Fleisch mit 400 bis 500 g Flocken. Den gleichen Nährwert haben 3 kg Dosen-Vollnahrung oder 750 g Trockenfutter. Bei einem gesunden, gut ernährten Hund sollen die

Rippen optisch nicht hervortreten, mit der flachen Hand aber noch fühlbar sein. So kann man „erfühlen", ob etwas Futter zugelegt oder abgezogen werden muß.

Junghunde können die tägliche Futtermenge unmöglich auf einmal aufnehmen. Eine Magenüberladung wäre die Folge. Knochen, Bänder und Gelenke würden zu stark belastet und bleibende Schäden davontragen. Immerhin braucht ein halberwachsener, um 50 kg schwerer Bernhardiner bereits genausoviel Futter wie sein ausgewachsener Artgenosse. Die Ernährung der Welpen erfolgt zunächst genau so, wie der Züchter es gehandhabt und dem Käufer empfohlen hat. Umstellungsbedingte Verdauungsstörungen werden so vermieden. Dem Welpen wird die Eingewöhnung erleichtert.

Bis zum Abschluß des Zahnwechsels mit etwa sechs Monaten erhält der Junghund täglich drei, später bis zum Abschluß des Wachstums mit etwa eineinhalb Jahren zwei Mahlzeiten täglich. Der Junghund darf zunächst noch etwas „Babyspeck" haben. Er hilft Krankheiten besser zu überstehen. Mangelernährung in der Jugend ist kaum wiedergutzumachen.

Fresser werden nicht geboren, sondern erzogen: Der erwachsene Hund erhält täglich eine Mahlzeit. Was in einer Viertelstunde nicht aufgefressen ist, gehört in den Mülleimer. Wichtig ist eine regelmäßige feste Futterzeit, weniger wichtig, ob dies morgens, mittags oder abends ist. Stets soll jedoch der Hund nach dem Fressen ruhen, so wie es auch Wildtiere nach ergiebigem Mahl zu tun pflegen. Bei „Sport" und „Spiel" besteht die Gefahr, daß sich ein gefüllter Magen verdreht – eine lebensgefährliche Situation.

Das Futter soll vielseitig sein, damit es alle benötigten Nährstoffe enthält. Der Hund braucht aber keine Geschmacksabwechslung. Er kann durchaus dauernd das gleiche Futter erhalten, wenn dies optimal zusammengesetzt ist.

Fertigfutter – sicher, bequem und preiswert

Die Vorurteile gegen Fertigfutter sind überholt. Es entspricht in Eiweißanteil und sonstigen Inhaltsstoffen den wissenschaftlichen Erkenntnissen. Durch moderne Konservierungsverfahren werden Vitamine weniger geschädigt als durch haushaltsübliches Kochen. Krankheitserreger im Fleisch wurden bei der Herstellung abgetötet. Ein weiterer Vorteil ist die praktische Vorratshaltung. Auf Reisen ist

Fertigfutter die einfachste Futterlösung. Es ist nicht teurer als selbst zubereitetes Futter. Gegen Fertigfutter gibt es eigentlich nur einen Einwand: Artgemäßerweise frißt der Hund Rohes, nicht aber Gekochtes.

Dosenfutter enthält reichlich Eiweiß. Das Etikett muß genau gelesen werden: „Vollnahrung" enthält bereits pflanzliche Futtermittel und ist futterfertig. Zu „Fleischnahrung" müssen noch Flocken, Reis oder Gemüse dazugemischt werden. Als vermeintlicher Nachteil werden vielfach die großen Kotmengen nach Verfütterung von Dosenfutter empfunden. Sie sind Folge des Rohfaseranteils und der damit verbundenen guten Darmfüllung. Geschwächte kranke Hunde reagieren bei plötzlicher Umstellung auf Dosenfutter gelegentlich mit Durchfall.

Fertigfuttermischungen aus Trockenfleisch zubereitet und Nährmitteln werden mit warmem Wasser oder Brühe dickbreiig angerührt – eine unproblematische Futterzubereitung.

Trockenfutter enthält fünfmal weniger Wasser als normal feuchtes Futter. In einem Extranapf muß daher unbedingt Wasser angeboten werden. 200 g Trockenfutter haben etwa den gleichen Nährwert wie eine 850-g-Dose Vollnahrung oder 400 g Fleisch und 125 g Flocken. Zusätzliche „Leckerlis" sind Dickmacher! Fertigfutter ist meist nach dem Bedarf erwachsener Hunde zusammengestellt. Junghunde erhalten daher als Eiweißzulage zusätzlich Fleisch oder Milcherzeugnisse oder aber gleich ein spezielles Welpen- oder Aufzucht-Fertigfutter.

Eigener Herd . . .

Schwieriger ist es, seinen Hund mit selbst zubereitetem Futter zu ernähren. Man muß dazu einiges über Wert und Eigenschaften der Futtermittel wissen.

Fleisch ist teuer; Rinderpansen und Blättermagen, Herz, Fleischabschnitte, Maulfleisch, Leberabschnitte, Schlund, Milz und Nieren sind ein fast vollwertiger Ersatz. Euter, Lunge und „Schweineringel" sind nur bedingt und in kleinen Mengen geeignet. Besonders wertvoll ist „grüner" Pansen, ein roher, ungereinigter Rindermagen: Die Futterreste sind bereits vorverdaut und enthalten Vitamine, die aus dem Pflanzenfutter stammen oder im Pansen gebildet werden. Haltbarer und weniger duftend ist der gereinigte und gebrühte „weiße Pansen". Rohe Leber und rohe Milz haben eine abführende Wirkung und dürfen daher – je nach Kotbeschaffenheit – nur in kleinen Mengen zugegeben werden.

Geflügelinnereien und Schweinefleisch sollten stets gekocht werden. Sie könnten sonst Durchfall oder die gefürchtete Aujeszky'sche Krankheit übertragen. Die Fleischgrundlage sollte stets aus verschiedenen Bestandteilen bestehen. Bei einseitiger Zusammensetzung, zum Beispiel ausschließlich Pansen, können Eiweißbausteine fehlen, die der Hund braucht.

Andere Eiweißquellen können das Futter vervollständigen. Hunde mit gesunder Leber und Niere dürfen gelegentlich unverdorbenen Fisch, frei von harten Gräten, fressen. Junghunde bis zum sechsten Monat können täglich eine mit Milch hergestellte Mahlzeit erhalten. Bei älteren Junghunden muß Kuhmilch verdünnt werden. Erwachsene Hunde erhalten – wie in der Natur – keine Milch. Sie können den Milchzucker nicht verdauen. Der Darminhalt wird dadurch zu weich. Hauterkrankungen können die Folge sein. Besser als Kuhmilch sind Welpenmilch-Präparate, die auch von älteren Hunden vertragen werden. Auch rohes Eiklar kann der Hund nicht richtig verdauen. Rohes Eigelb ist dagegen vor allem für junge und kranke Hunde gesund und bekömmlich. Gekochte und gebratene Eier verträgt jeder Hund. Viele Hunde mögen auch Magerquark – eine wertvolle Ergänzung hochwertigen Eiweißes – besonders für Junghunde. Käse ist entgegen alten Vorurteilen nicht schädlich. Käserinden, Wurstpellen, Geräuchertes und Gewürztes gehören aber nicht in den Hundenapf.

Einkaufsmöglichkeiten für Futterfleisch bieten Hundefutterhandlungen und Fleischereien sowie Zoogeschäfte und Supermärkte. Frisches Futterfleisch ist leicht verderblich und sollte auch bei Kühlung nicht länger als zwei Tage aufbewahrt werden, gekochtes hält sich ein bis zwei Tage länger. In der Gefriertruhe kann man Fleisch etwa drei Monate aufbewahren, zweckmäßigerweise in dicht schließenden Plastikbeuteln portionsweise verpackt.

Die Zubereitung des Futters erfordert nur geringen Aufwand. Da der Hund sein Futter nicht kaut, sondern schlingt, wird das Fleisch in maulgerechte Happen geschnitten, aber nicht wie Hackfleisch zerkleinert. Viele Hundefutterhändler nehmen dem Käufer diese Arbeit ab. Das frische oder aufgetaute Fleisch wird mit heißem Wasser angebrüht. So bleibt es innen roh, wird aber leicht erwärmt. Eiskaltes Fleisch ist Gift für den Hundemagen.

Als pflanzliche Ergänzung können gekochte Haferflocken, Graupen oder Reis zugegeben werden. Einfacher und sicherer ist die Fütterung mit „Hundeflocken", einem Gemisch getoasteter und daher verdaulicher Getreideerzeugnisse mit ausreichendem Rohfasergehalt. Zwei Maß Flocken werden einem Maß Fleisch mit warmem Wasser zugemischt. Das Futter soll dickbreiig, nie suppig sein. Junghunde erhalten Flocken und Fleisch zu gleichen Raumteilen. Von Fall zu Fall sollen die Flocken ganz oder teilweise durch Gemüse ersetzt werden, das mit einer Gabel zerdrückt wird. Es schadet nichts, wenn Essenreste leicht gesalzen sind. Der Hund braucht Kochsalz für eine einwandfreie Nierentätigkeit. Hülsenfrüchte und Kohl gehören allerdings nicht ins Hundefutter. Sie sind schwer verdaulich und verursachen Blähungen.

Rohkost, insbesondere fein zerkleinerte Möhren und Äpfel, sind eine sättigende und vitaminreiche Futterergänzung. Auch gehackte Petersilie oder Kresse und frische Obst- und Gemüsesäfte können das Vitaminangebot vervollständigen.

Zur Versorgung mit ungesättigten Fettsäuren – wichtig zum Beispiel für Haut und Haar – kann dem Futter einmal wöchentlich ein Teelöffel Pflanzenöl zugesetzt werden. Auch eine Scheibe Brot mit Pflanzenmargarine ist eine vorzügliche Ergänzung, insbesondere gut durchgebackenes Roggenbrot. Brot soll aber nie eingeweicht werden.

Für den Junghund ist eine ausreichende Vitamin-D-Versorgung zur Verhütung der Knochenweiche (Rachitis) besonders wichtig. Überdosierungen sind aber schädlich. Anstelle des Lebertrans sollten daher genau dosierbare Vitamin-D-Präparate nach tierärztlicher Verordnung gegeben werden. Bierhefe – Bestandteil vieler Hundeflocken, enthält auch B-Vitamine. Für den jungen Hund ist die Zufütterung von „Futterkalk" für Wachstum und Knochenbau unerläßlich. Aber auch der erwachsene Hund braucht eine Mineralstoffergänzung, weil selbst zubereitetes Futter nicht alle Stoffe in ausreichender Menge enthält. Speziell für den Bedarf des Hundes zusammengestellte Mittel sind besser und billiger als Kalktabletten für Menschen.

Knochen enthalten Mineralstoffe, sind aber schwer verdaulich und können hartnäckige Verstopfungen verursachen. Ihr Wert liegt vor allem in der Gebißpflege und der „Gymnastik" für die Kaumuskulatur. In Maßen können daher Hunde mit gesunden Zähnen Kalbs- oder Rinderknochen erhalten. Hundekuchen oder Kauknochen aus Leder erfüllen allerdings den gleichen Zweck. Ältere Tiere mit Verdauungsproblemen oder Zahnkrankheiten müssen auf Knochen verzichten. Harte Röhrenknochen, vor allem von Geflügel, können splittern und Darmverletzungen verursachen. Kotelettknochen können in der Speiseröhre steckenbleiben. Sie gehören in den Mülleimer.

Vier Wochen
alte Langhaarhündin
„Gamma
v. d. Kutten-Kuhle"

Fastentage müssen wildlebende Fleischfresser oft einlegen. Für Hunde mit Übergewicht ist ein Fastentag in der Woche ein probates Mittel zum Abnehmen. An den übrigen Tagen darf er sich einmal täglich sattfressen. Seine fettarme Fleischgrundlage wird allerdings mit nährstoffarmer Lunge gestreckt, und statt der Flocken erhält er Weizenkleie und Rohkost. Einfacher, aber teurer, ist Diät-Fertigfutter, das über Tierärzte bezogen werden kann.

Wasser, immer frisch und sauber, nie eiskalt, muß dem Hund ständig zur Verfügung stehen. Ein gesunder Hund trinkt zwar bei normal feuchtem Futter kaum, muß aber doch bei Hitze, nach Anstrengungen oder zu bestimmtem Futter seinen Durst löschen können. Ständig stark vermehrter Durst ohne erkennbaren Grund ist ein Krankheitszeichen.

Patentrezepte

Fragt man zehn Hundeexperten, erhält man sicher wenigstens neun „bewährte für diese Rasse einzig richtige" Ernährungsanleitungen, von denen acht völlig richtig sind. Trotz aller Erfahrung und wissenschaftlicher Akribie gibt es gottlob viele Möglichkeiten, seinen Hund artgemäß und ausreichend zu ernähren. Man muß nur die angeführten Ernährungsregeln mit etwas Verständnis beachten – sei es mit Fertigfutter, sei es mit einem eigenen, auf Haushalt, Hund und Geldbeutel abgestellten Spezialrezept, sei es auch mit beidem.

Gesundheit

Vorbeugen ist besser als Heilen

Artgerechte Haltung, Pflege und Ernährung sind Voraussetzungen für die Gesundheit. Das seelische Wohlbefinden des Hundes ist so wichtig wie das körperliche. Der gesunde Hund nimmt aufmerksam und lebhaft Anteil an seiner Umgebung. Er ist kräftig und ausdauernd. In der Ruhe atmet er 10- bis 20mal, das Herz schlägt 70- bis 100mal in der Minute. Die Körpertemperatur liegt um 38,5 °C. Gesundheit ist nicht nur „Freisein von Krankheiten", sie schließt auch Widerstandskraft gegen Infektionen ein.

Das Haarkleid schützt nicht nur gegen Wind und Wetter. Glattes, glänzendes Haar ist auch ein Zeichen von Gesundheit. Der Bernhardiner soll täglich mit einer Spezialbürste gestriegelt werden. Ein Kamm wird nicht benutzt. Damit könnten auch gesunde Haare ausgerissen und kleinste Hautverletzungen verursacht werden. Besonders wichtig ist das Bürsten während des Haarwechsels im Frühjahr und zum Winteranfang. Durch Baden kann der schützende Säuremantel der Haut zerstört und das Haar entfettet werden. Der Hund wird deswegen nur ausnahmsweise gebadet, zum Beispiel wenn er sich nach Hundeart in Aas oder Kot gewälzt hat. Dann wird er lauwarm geduscht und mit Hundeshampoo oder mildem Haarwaschmittel, nie jedoch mit Seife oder Spülmittel gewaschen. Nach gründlichem Ausspülen wird das Fell trockengerieben. An einem warmen, zugfreien Ort muß das Fell trocknen, ehe der Hund wieder hinaus darf.

Etwas ganz anderes ist das Baden in freier Natur. An heißen Sommertagen sei auch unserem Bernhardiner eine Erfrischung gegönnt; die natürlichen Schutzeinrichtungen von Haut und Haar werden ihn vor „Erkältungen" bewahren. Stumpfes Haar, ständiger Haarausfall und starker Geruch deuten auf innere Erkrankungen hin. Die Haut soll frei von Schuppen und Rötungen sein, kein Juckreiz soll den Hund plagen.

Flöhe, Läuse und Haarlinge kann auch der gepflegteste Hund von einer Hundebegegnung mitbringen. Bei Juckreiz wird als erstes die

Haut auf Flohstiche – bis zu linsengroße, geschwollene Rötungen – und das Fell auf Parasitenkot – kleine schwarze Pünktchen – abgesucht. Lieblingssitze der ungebetenen Gäste sind die Innenflächen der Hinterbeine, die „Achselhöhlen" und die Ohrmuscheln. Bei leichtem Befall genügt ein Flohpuder oder -spray. Wirksamer sind Waschlösungen, die das Fell bis auf die Haut benetzen oder verschreibungspflichtige Mittel, die – auf die Haut getropft – bis zu vier Wochen wirken. Das Ablecken insektizider Mittel muß unbedingt verhindert werden; sie sind dann auch für den Hund giftig. „Anti-Floh-Halsbänder" geben bis zu vier Monaten gas- oder puderförmige Wirkstoffe ab. In Hundehütten können bei einigen Halsbändern Gaskonzentrationen auftreten, die auch für den Hund bedenklich sind. Manche Halsbänder verlieren zudem durch Nässe an Wirksamkeit. Bei Flohbefall muß immer das Lager des Hundes mitbehandelt werden. Moderne Spezialmittel töten daher nicht nur erwachsene Flöhe, sondern verhindern auch, daß sich aus den vorhandenen Larven „fertige" Flöhe entwickeln. Hundedecken werden am besten ausgekocht, Teppiche regelmäßig gesaugt und Stroh in der Hütte gewechselt.

Zecken lassen sich aus dem Gebüsch auf den Hund fallen, beißen sich in der Haut fest und saugen sich dann mit Blut voll. Sie sehen dann wie prallgefüllte, graubraune, bis zu kirschkerngroße Säckchen aus. Zecken dürfen nicht einfach ausgerissen werden. Dabei können die Beißwerkzeuge in der Haut steckenbleiben und zu Entzündungen führen.

Man betäubt die Zecke mit Alkohol oder hüllt sie mit Öl ein und wartet etwa zehn Minuten. Am sichersten wirkt ein Spraystoß mit einem insektiziden „Desinfektspray". Die betäubte oder tote Zecke wird vorsichtig aus der Haut herausgedreht.

Die Ohren sollten alle vier Wochen gereinigt werden. Mit Wattestäbchen kann man das Trommelfell zwar kaum verletzen, das Ohrenschmalz aber in der Tiefe zusammenstopfen. Besser ist ein alkoholischer Ohrreiniger, der randvoll ins Ohr eingegossen und bei zugedrückter Ohrmuschel durchmassiert wird. Das gelöste Ohrschmalz kann der Hund dann selbst ausschütteln, vorzugsweise im Freien. Dunkle, übelriechende Beläge im Ohr zeigen eine Entzündung an. Meist wird der Hund sich dann auch am Ohr oder – scheinbar – am Halsband kratzen und den Kopf schütteln. Ursache des „Ohrenzwanges" können Ohrenmilben, Grasgrannen oder andere Fremdkörper sowie Bakterien und Pilze sein. Wenn zwei- bis dreimalige gründliche

Reinigung mit dem Ohrreiniger keine Besserung bringen, ist eine gezielte Behandlung erforderlich.

Die Augen werden mit einem Stückchen Mullbinde oder einem Taschentuch vom „Schlaf" gereinigt. Fusseln von Watte oder Papiertaschentüchern reizen die Schleimhäute. Bindehautentzündungen können auch durch Zugluft, Staub oder starke Sonne verursacht werden. Besonders anfällig sind Hunde, deren Augenlider dem Augapfel nicht eng anliegen. Zur Linderung werden Augentropfen in den heruntergezogenen Bindehautsack geträufelt. Borwasser wird heute nicht mehr verwendet, weil feine Kristalle als Fremdkörper wirken können. Länger andauernder wäßriger, schleimiger oder eitriger Augenausfluß sollte nicht mit Hausmitteln kuriert werden. Es könnte eine Infektion vorliegen. Wucherungen auf der Rückseite der Nickhaut müssen meist operativ behandelt werden.

Die Zähne werden durch Hundekuchen oder Knochen ausreichend gereinigt. Auch die Tortur des Zähneputzens kann Zahnstein kaum verhindern. Zur Entfernung weicher Beläge eignet sich am ehesten ein Wattebauch, getränkt mit dreiprozentiger Wasserstoffsuperoxydlösung. Zahnstein ist ein fest anhaftender brauner Belag aus verhärteten Salzen. Fauliger Mundgeruch durch Zahnfleischentzündungen und -vereiterungen sowie Zahnausfall sind die Folgen. Zahnstein solle frühzeitig fachkundig entfernt werden. Lose Zähne müssen gezogen werden. Da der Hund keine Beute jagen, festhalten oder zerreißen muß, kann er auf schmerzende Zähne gut verzichten. Nach Entfernung der Eiterherde wird er sich auch allgemein wohler fühlen, denn sie können den Körper vergiften und zum Beispiel chronische Herzklappenentzündungen auslösen. Auch Milchhakenzähne, die beim Zahnwechsel nicht ausfallen, müssen gezogen werden. Sie können zu Stellungsfehlern im bleibenden Gebiß führen.

Die Analbeutel sollen eigentlich bei jedem Kotabsatz eine individuelle Duftmarke zur Revierkennzeichnung hinterlassen. Infolge der Domestikation funktioniert die Entleerung häufig nicht richtig. Sekretstauungen sind die Folge; den Juckreiz versucht der Hund vergeblich durch Rutschen auf dem After zu beseitigen. Dieses „Schlittenfahren" ist entgegen landläufiger Vermutung fast nie auf Wurmbefall zurückzuführen. Stark gefüllte Analbeutel müssen fachkundig ausgedrückt, vereiterte müssen tierärztlich behandelt werden.

Die Krallen werden bei regelmäßigem Auslauf auf hartem Untergrund ausreichend abgelaufen. Bei krankhaftem Hornwachstum, Stellungsfehlern oder ständig zu weichem Boden müssen sie geschnitten werden. Dabei soll die in der Kralle verlaufende Ader nicht verletzt werden. „Wolfskrallen", Überbleibsel der an sich verkümmerten fünften Zehe an den Hinterläufen, können bei Verletzungen stark bluten. Sie sollten vorsorglich amputiert werden. Das geschieht üblicherweise schon bei neugeborenen Welpen.

Erste Hilfe tut not

Hautverletzungen müssen genau inspiziert werden. Oberflächliche Abschürfungen und Schrunden können mit Hausmitteln behandelt werden. Auf jeden Fall werden im Bereich der Verletzung die Haare mit einer gebogenen Schere kurz abgeschnitten. Sie verkleben sonst mit dem Wundsekret; Vereiterung ist die Folge. Die Wunde wird mit Wundgel, -spray oder -tinktur behandelt. Fetthaltige Salben verhindern den heilungsfördernden Luftzutritt, Puder verkrustet.

Bei tieferen Wunden mit Durchtrennung der Haut sollte umgehend ein Tierarzt zugezogen werden. Bei Beißereien und Stacheldrahtverletzungen wird die Haut oft vom Körper losgerissen, so daß tiefe Taschen entstehen. Haare und Schmutz in der Tiefe der Wunden müssen soweit möglich entfernt werden. Von Fall zu Fall ist zu prüfen, ob eine „offene Wundbehandlung" oder eine Naht besser ist. Nur frische Wunden können mit Aussicht auf komplikationslose Heilung genäht werden.

Eine offene, aus der Tiefe nässende oder eiternde Wunde darf der Hund belecken. In allen anderen Fällen wird die Wundheilung behindert, weil die zarten Heilungszellen am Wundrand gestört werden. Das Belecken von Wunden und das Abreißen von Verbänden können durch einen Halskragen verhindert werden. Aus einem passenden Plastikeimer wird der Boden herausgeschnitten. Die Schnittkanten werden abgepolstert, and vier Stellen durchlöchert und mit Bindfäden versehen, die am Lederhalsband festgebunden werden.

Wundstarrkrampf ist beim Hund selten. Impfungen sind daher nicht üblich. Zur Vorbeuge sollen Wunden ausbluten und nicht luftdicht abgedeckt werden. Wenn größere Adern verletzt sind, kommt es zu andauernden, starken Blutungen. Häufig tritt Blut im Strahl aus. Dann muß zur Ersten Hilfe ein Druckverband angelegt werden. An ungünstigen Körperstellen wie am Kopf kann auch von Hand eine Kompresse aufgedrückt werden. Gliedmaßen können abgebunden, die Abbindung muß aber viertelstündlich kurz gelöst werden. In solchen Fällen ist stets umgehend tierärztliche Hilfe erforderlich.

Unfälle können auch zu inneren Verletzungen und Gehirnerschütterungen führen. Bei Bewußtseinstrübungen soll nie Flüssigkeit eingeflößt werden. Die Maulschleimhaut kann aber mit Kaffee, Tee oder auch einfach mit Wasser befeuchtet werden. Der Hund wird seitlich mit tiefliegendem Kopf und herausgezogener Zunge auf einer Decke gelagert, die, von zwei Personen an den Ecken stramm gezogen, auch als „Tragbahre" dient. Am Unfallort sind meistens die Diagnose und vor allem eine wirksame Schockbehandlung erschwert. Telefonisch sollte zur Vermeidung unnötiger Wege und Zeiten ein dienstbereiter Tierarzt verständigt und umgehend aufgesucht werden.

Lahmheiten können viele Ursachen haben. Als erstes wird die Pfote untersucht. Dornen oder Splitter werden ausgezogen. Verfilzte Haare drücken zwischen den Ballen wie ein Stein im Schuh; sie werden daher vorsichtig ausgeschnitten. Wunde Stellen werden wie Hautverletzungen behandelt. Im Winter müssen Streusalzreste von den Pfoten abgewaschen werden. Bei Krallenbettentzündungen können warme Kamillen- oder Seifenbäder Linderung bringen. Lose Krallenteile werden an der Bruchstelle beherzt abgeschnitten. In vielen Fällen ist ein Verband erforderlich. Er muß fachkundig angelegt werden, um Druckstellen zu vermeiden.

Bei Schwellungen, Prellungen und Verstauchungen kann das Fell des betroffenen Körperteils mehrmals täglich mit kaltem Wasser durchnäßt werden. Das wirkt wie ein Kühlverband, lindert den Schmerz und hemmt – frühzeitig angewendet – weitere Schwellungen. Wenn ein Bein überhaupt nicht belastet wird, besteht Verdacht auf Knochenbruch. Bei stark abnormer Beweglichkeit kann die Gliedmaße durch eine Notschiene ruhiggestellt werden. Ein feuchtes Tuch, zwei ausreichend lange Stöcke und Binden oder Leukoplast genügen fürs erste. Die benachbarten Gelenke müssen mitfixiert werden.

Andauernde, wiederkehrende oder sich verschlimmernde Bewegungsstörungen sind stets ein Fall für den Tierarzt. Bei Junghunden können schmerzhafte Knochenauftreibungen oder Ablösungen des Ellenbogenhöckers zu Lahmheiten führen. Ältere Hunde leiden oft unter chronischen Gelenkentzündungen. Die Hüftgelenkdysplasie (HD) ist erblich veranlagt: Eine Abflachung der Gelenkpfanne begünstigt Arthrosen und Verrenkungen. Im Alter können auch die Rückenmarkshäute verknöchern. Dadurch werden die Nerven eingeklemmt.

Zunehmende Nachhandschwäche bis hin zur Lähmung ist die Folge. Relativ oft wird das Humpeln auf einem Hinterbein durch eine Ausrenkung der Kniescheibe bedingt, die operativ fixiert werden muß.

Vergiftungen sind meist „Unglückfälle" und nur selten böse Absicht. Die besten Überlebenschancen bestehen, wenn man die Giftaufnahme beobachten oder rekonstruieren kann. Dann muß man versuchen, das Gift aus dem Magen wieder herauszubefördern, bevor es in den Körper übergehen kann. Der Tierarzt kann Erbrechen durch eine Injektion auslösen, der Laie durch Eingabe von zwei bis drei Teelöffeln Salz. Nach dem Erbrechen wird Wasser mit sechs bis zwölf Kohlekompretten eingeflößt, aber keine Milch, weil verschiedene Gifte fettlöslich sind. Packung, Beizettel und Erbrochenes werden mit zum Tierarzt genommen, um frühzeitig eine gezielte Behandlung zu gewährleisten. Giftig sind Rattengift – am häufigsten Cumarin, seltener Thallium, Zinkphosphid und Arsen-, Schädlingsbekämpfungsmittel wie E 605 oder Castrix-Giftkörner, das Schneckenbekämpfungsmittel Meta-Hart-Spiritus und Frostschutzmittel, ganz zu schweigen von Blausäure und Strychnin, die heute jedoch kaum noch erhältlich sind.

Plötzliches Erbrechen, Durchfall, Krämpfe und zunehmende Mattigkeit begründen einen Vergiftungsverdacht. Eine genaue Diagnose ist häufig aber erst durch die Spätschäden wie Blutungen oder Haarausfall möglich. Dann kann es für eine Rettung des Hundes bereits zu spät sein.

„Scheinschwangerschaft" tritt bei manchen Hündinnen etwa acht Wochen nach der Läufigkeit auf. Sie sind unruhig, „bemuttern" irgendwelche Gegenstände, fressen schlecht und erbrechen gelegentlich. Das Gesäuge schwillt, Milch bildet sich. Abhilfe schafft häufig wenig Fressen und Trinken bei viel Bewegung und Beschäftigung. Das Gesäuge kann mehrmals täglich mit kaltem Wasser befeuchtet werden, um Schwellung und Milchproduktion zu hemmen. Keineswegs soll die Milch ausgedrückt werden. Damit würde nur die weitere Milchbildung angeregt. Bei sehr starker Gesäugeschwellung und trotz Hausmitteln nicht nachlassenden Erscheinungen muß der Tierarzt konsultiert werden.

Insektenstiche, vor allem durch das Schnappen nach Wespen und Bienen verursacht, können schnell zu erheblichen Schwellungen am Kopf oder, noch schlimmer, im Rachen führen. Äußerliche Kühlung mit Eiswürfeln und eine Tablette gegen Allergie – falls zur Hand – ersparen häufig nicht eine möglichst rasche tierärztliche Behandlung. 85

Durchfall ohne Fieber bessert sich häufig nach einem Fastentag: Der Hund erhält ausschließlich stark verdünnten Tee mit einer Prise Salz, aber ohne Zucker. Zur Geschmacksverbesserung ist Süßstoff erlaubt. Zusätzlich ist es nie verkehrt, eine Aufschwemmung von Kohlekompretten einzugeben. Keinesfalls darf Durchfall mit Wasserentzug „behandelt" werden; der Körper würde zu stark austrocknen. Am zweiten Tag erhält der Hund in kleinen Portionen ein Diätfutter, zum Beispiel Beefsteakhack, Schmelzflocken und rohen geriebenen Apfel. Am dritten Tag muß der Kot zumindest wieder dickbreiig sein.

Verstopfungen lassen sich oft durch rohe Leber oder Milz oder einige Teelöffel süßer Dosenmilch beheben. Bei krampfhaft vergeblichem Drängen kann ein Mikroklistier Erfolg bringen. Bei einer Verhärtung von Knochenteilen im Enddarm hilft allerdings meist nur ein fachgerechter Einlauf.

Erbrechen ist keine selbständige Krankheit. Einmaliges Erbrechen kann durch zu hastiges Fressen, zu kaltes Futter oder Aufnahme von Fremdkörpern ausgelöst werden. Gelegentliches Erbrechen ist beim Hund ohne große Bedeutung. Um zu erbrechen, frißt der Hund häufig Gras. Geschieht dies regelmäßig, oder wird ständig das Futter erbrochen, muß ein Tierarzt zugezogen werden. Auch Durchfall und Erbrechen mit Fieber sind kein Fall für Hausmittel.

Alarmzeichen

Fieber ist eine Abwehrreaktion des Körpers, meist auf Infektionen. Die Hundenase kann auch beim kranken Hund feucht und kühl sein. Die Temperatur muß mit einem Fieberthermometer fünf Minuten im Mastdarm gemessen werden. Sie darf nicht über 39 °C liegen. Untertemperaturen unter 37,5 °C entstehen infolge einer Reduzierung der Stoffwechselvorgänge häufig vor dem Tod.

Erkältungen wie beim Menschen treten beim Hund selten auf. Sie sind kein Fall für die Hausapotheke. Würgender Husten, als ob ein Knochen im Hals säße, tritt bei Mandelentzündungen auf. Ernstere Infektionen wie Zwingerhusten oder gar Staupe können vorliegen. Pumpende Atmung entsteht durch eine Lungenentzündung, aber auch durch Wasseransammlung in der Lunge, zum Beispiel infolge von Vergiftungen. Bei alten Hunden kann der damit verbundene Husten auch auf eine Herzschwäche zurückzuführen sein. Bauchpressen und Aufblasen der Backen sind Zeichen höchster Atemnot.

Schleimhäute im Auge und im Fang geben Hinweis auf innere Erkrankungen: Blässe deutet auf Blutarmut hin, Gelbfärbung auf Leberschäden mit Gelbsucht, Blutungen auf schwere Infektionen oder Vergiftungen, eine bläuliche Färbung tritt bei Herz- und Kreislaufschwäche auf.

Kot und Urin mit Blutbeimengen lassen schwerwiegende krankhafte Veränderungen erkennen. Bei Blutungen im Magen und in den vorderen Darmabschnitten kann der Stuhl durch das verdaute Blut pechschwarz aussehen. Nierenerkrankungen können auch mit erhöhtem Durst verbunden sein. Wenn Mattigkeit und Mundgeruch hinzukommen, ist meist bereits eine Harnvergiftung eingetreten. Harnsteine, Blasenriß oder Vergiftungen können dazu führen, daß überhaupt kein Urin mehr abgesetzt wird; dann besteht höchste Gefahr. Geschwülste, Prostatavergrößerungen und Mastdarmveränderungen erschweren den Kotabsatz. Verhärtete Knochenteile können den Enddarm völlig verstopfen. Erbrechen und zunehmende Mattigkeit bei fehlendem Kotabsatz sprechen für einen Darmverschluß oder einen Fremdkörper im Darm.

Speicheln wird im harmlosesten Fall durch Fremdkörper in der Maulhöhle oder durch lose Zähne verursacht, bedenklicher wäre eine E-605-Vergiftung oder Pseudowut, schlimmstenfalls ist an Tollwut zu denken.

Umfangsvermehrungen des Bauches bei sonst normalem Ernährungszustand oder zunehmende Abmagerung können durch Tumoren oder Bauchhöhlenwasser hervorgerufen werden. Bei einer Gebärmuttervereiterung besteht gleichzeitig fast immer starker Durst, gelegentlich auch Scheidenausfluß. Eine plötzliche Aufblähung des Bauches mit Kolik und Kreislaufschwäche, bedingt durch eine Magendrehung, erfordert unverzügliche Operation. Eine Entzündung der Kaumuskeln mit Schwellung und Verhärtung sowie hervortretenden Augäpfeln muß sofort tierärztlich behandelt werden.

Kleine Hausapotheke für den Hund

Zur Pflege und zur Ersten Hilfe sollten einige Instrumente und Medikamente bereitgehalten werden. Sie sind kindersicher, kühl und trocken aufzubewahren. Wenn unser Hund zu Reisekrankheit neigt, unter Rheuma leidet und häufiger bestimmte andere Wehwehchen hat, werden die tierärztlich verordneten Medikamente vorrätig gehalten,

um auf bewährte Weise rasch helfen zu können. Vitamin- und Mineral-
stoffpräparate werden dort aufbewahrt, wo sie gebraucht werden: in
der „Futterküche".

Zehn Tips für den Besuch beim Tierarzt

1 Nach Möglichkeit sollte der Hund in der Praxis des Tierarztes
vorgestellt werden. Dort kann eine Erkrankung besser erkannt
und behandelt werden.

2 Bei Verdacht auf ansteckende Krankheiten lassen Sie sich aber
vom Tierarzt einen Sondertermin geben, oder bitten Sie ihn um
einen Hausbesuch, um andere Hunde im Wartezimmer nicht
anzustecken.

3 Mit einem unruhigen Hund wartet man besser im Auto, bis man
an der Reihe ist.

4 Der Hund muß systematisch dazu erzogen werden, sich untersu-
chen zu lassen. Manipulationen an den Ohren, Öffnen des Fanges
und Fiebermessen können geübt werden! Auf dem Untersu-
chungstisch muß der Hund beruhigt werden. Dazu müssen Sie
selbst ruhig bleiben, erforderlichenfalls aber auch energisch
werden.

5 Der Hund kann nicht sprechen. Daher müssen Sie Krankheitserscheinungen und -dauer genau schildern. Das erleichtert dem
Tierarzt die Diagnose.

6 Bei Verdauungsstörungen ist die Beschaffenheit des Kotes genau
zu beschreiben. Es ist nie verkehrt, eine Kotprobe, abgegangene
Würmer oder Fremdkörper mitzunehmen.

7 Bei Verdacht auf innere Erkrankungen kann vorsorglich auch eine
in einem sauberen Gefäß aufgefangene Harnprobe mitgenommen
werden.

8 Bringen Sie auch den Impfpaß mit!

9 Notieren Sie die Behandlungsanweisungen; erfahrungsgemäß wird
vieles nach der Aufregung des Tierarztbesuches leicht vergessen
oder verwechselt.

10 Denken Sie auch an den Stolz der Dame des Tierarzthauses:
Verwehren Sie Ihrem Rüden das Beinheben an den Ziersträu-
chern im Vorgarten nach Verlassen der Praxis.

Infektionen bedrohen die Gesundheit

Staupe und ansteckende Leberentzündung (Hepatitis) sind Virus-krankheiten, die für Junghunde besonders gefährlich sind, aber auch ältere Hunde befallen. Staupe beginnt mit einem häufig kaum merkba-ren, kurzen Fieber, dem nach etwa acht Tagen eine schwere Lungen-entzündung mit eitrigem Augen- und Nasenausfluß oder ein Durchfall folgt. Eine besondere Verlaufsform ist mit einer Verhärtung der Ballen verbunden. Nach scheinbarer Besserung treten nervöse Erscheinungen bis hin zu Krämpfen auf, die meistens zum Tod führen. Nach überstan-dener Staupe bleibt häufig ein nervöses Zucken der Kopfmuskeln, der „Staupetick", nach Erkrankungen im Junghundealter das „Staupege-biß" mit erheblichen Zahnschmelzdefekten zurück. Die ansteckende Leberentzündung verläuft ähnlich, mit hohem Fieber, Apathie und Appetitlosigkeit. Hornhauttrübungen können bleibende Folgeschäden sein.

Stuttgarter Hundeseuche (Leptospirose) wird durch Bakterien ver-ursacht und von Hund zu Hund übertragen. Sie beginn häufig mit einer Schwäche in den Hinterbeinen. Geschwüre im Maul, Magen und Darm sind mit aasartig-faulem Maulgeruch und blutigem Durchfall ver-bunden.

Tollwut tritt bei Hunden nur noch selten auf. Die Seuche wird vor allem durch Füchse übertragen. Hinweisschilder warnen in gefährde-ten Gebieten vor Tollwut. Die Krankheit ist besonders tückisch: Die typischen Wuterscheinungen mit heiserem Gebell, Wasserscheue, Unruhe und unmotivierter Beißwut fehlen häufig. Die „stille Wut" ist im Anfangsstadium schwer zu erkennen. Ein erkranktes Tier stirbt immer.

Parvovirose ist bei uns erst in den letzten Jahren aufgetreten. Der Erreger ähnelt dem Katzenseuchevirus. Die Seuche wurde zunächst auf Ausstellungen verbreitet. Die Ansteckung erfolgt über die Aus-scheidungen von Hund zu Hund. Bei Welpen tritt plötzlicher Herztod auf, ältere Hunde sterben nach unstillbarem blutigen Durchfall und Erbrechen.

Impfungen schützen vor diesen Infektionskrankheiten

Welpen in gefährdeten Zuchten oder ungeimpfte Hunde mit verdächti-gen Krankheitserscheinungen können mit einem Serum behandelt werden, das fertige spezifische Abwehrstoffe enthält. Diese „passive Immunisierung" schützt aber nur für zwei bis drei Wochen. Der Käufer eines Hundes sollte den Impfpaß daraufhin genau prüfen.

Länger dauernden Schutz vermittelt nur die „aktive" Schutzimpfung. Dabei werden abgeschwächte oder abgetötete Infektionserreger eingeimpft. Der Körper reagiert darauf mit der Bildung eigener Abwehrstoffe. Bei den heute üblichen Kombinationsimpfstoffen kennzeichnen die Buchstaben S, H, L, T und P die Wirksamkeit gegen die in Frage kommenden Seuchen. Welpen werden mit sieben bis acht Wochen das erste Mal geimpft und müssen dann mit etwa zwölf Wochen nachgeimpft werden. Bei älteren Hunden genügt eine einmalige Grundimmunisierung. Der einmal gebildete Impfschutz baut sich im Laufe der Zeit ab. Kommt der Hund mit betreffenden Seuchenerregern in Berührung, so wird die Antikörperbildung aufgefrischt. Ist der Impfschutz aber bereits zu stark abgesunken, kann der Hund erkranken. Deshalb sind Auffrischungsimpfungen im Abstand von ein bis zwei Jahren erforderlich.

Ein sicherer Impfschutz des Hundes ist auch für den Menschen wichtig. Erkrankte Hunde können Leptospiren übertragen, die beim Menschen das „Canicola Fieber" oder die „Weil'sche Krankheit" hervorrufen. Hundetollwut ist wegen des engen Kontaktes für Menschen viel gefährlicher als Wildtollwut. Geimpfte Hunde übertragen keine Tollwut. Nach einem Kontakt mit verdächtigem Wild brauchen sie deshalb auch nicht getötet zu werden, wie dies für ungeimpfte Hunde gesetzlich vorgeschrieben ist. Schließlich können sie auf Auslandsreisen mitgenommen werden.

Gegen andere Infektionen schützt Vorsicht

Toxoplasmose wird durch einzellige Schmarotzer hervorgerufen. Ihr Stammwirt ist die Katze. Bei anderen Tieren werden ansteckungsfähige Dauerformen gebildet. Hunde erkranken überwiegend durch infiziertes Schweinefleisch. Für die Ansteckung des Menschen wurden sie früher zu Unrecht verantwortlich gemacht.

Aujeszky'sche Krankheit wird ebenfalls durch Schweinefleisch übertragen. Unstillbarer Juckreiz, Unruhe, Ängstlichkeit und Speichelfluß haben gewisse Ähnlichkeit mit Tollwut. Die Krankheit wird daher auch „Pseudowut" genannt. Schweinefleisch und in der Zusammensetzung unbekannte Fleischmischungen, zum Beispiel aus Supermärkten, müssen vorbeugend unbedingt durchgekocht werden, Rindfleisch und Fertigfutter sind unbedenklich.

Zwingerhusten tritt vor allem in Tierheimen und Hundehandlungen auf. Unter begünstigenden Umständen lösen Viren und Bakterien gemeinsam Entzündungen von Luftröhre und Bronchien aus. Kennzeichnend ist ein kurzer, trockener Husten. Sekundärinfektionen können den Krankheitsverlauf verschlimmern. Einen gesunden Hund kauft man mit größerer Wahrscheinlichkeit direkt beim Züchter. Während des Urlaubs sollte man seinen Hund nicht in unbekannte Heime oder Pensionen geben oder ihn vorsorglich auch gegen Zwingerhusten impfen lassen.

Wurmkuren gegen unerwünschte Kostgänger

Spulwürmer können bei Junghunden zu Verdauungs- und Entwicklungsstörungen, zu Vergiftungserscheinungen und sogar zum Tod führen. Fast alle Welpen werden im Mutterleib mit Spulwürmern infiziert. Die ersten Wurmkuren soll schon der Züchter durchführen. Junghunde werden vierteljährlich entwurmt. Ältere Hunde beherbergen nur noch einzelne Würmer. Sie richten zwar keinen großen Schaden an, sind aber eine ständige Infektionsquelle. Hündinnen sollten sechs Wochen nach jeder Läufigkeit, Rüden einmal jährlich entwurmt werden. Bei festgestelltem Wurmbefall ist eine sofortige Entwurmung mit einer Wiederholungsbehandlung nach zwei bis drei Wochen erforderlich. Rohe Möhren garantieren keine Wurmfreiheit. Wirksame und verträgliche Mittel sind verschreibungspflichtig. Sie wirken auch gegen andere Rundwurmarten, zum Beispiel gegen Hakenwürmer.

Spulwürmer sind auf ihre Wirtstierarten spezialisiert; wenn der Mensch Hundespulwurmeier aufnimmt, schlüpfen zwar Larven und beginnen ihre Wanderung im Körper, sie bleiben jedoch in Organen oder Muskeln stecken und können dort schmerzhafte Entzündungen verursachen. Besonders gefährdet sind „Krabbelkinder". Wurmkuren dienen daher auch dem Gesundheitsschutz der Familie. Auf Kinderspielplätzen haben Hunde nichts zu suchen.

Bandwürmer brauchen für ihre Entwicklung stets einen Zwischenwirt. Für den Hundebandwurm ist dies der Floh. Er nimmt die Wurmeier auf, aus denen sich eine Finne entwickelt. Der Hund „knackt" den Floh – die Finne wächst im Hundedarm zum fertigen Bandwurm aus. Mit dem Kot erscheinen nach geraumer Zeit einzelne kürbiskernförmige, anfangs noch bewegliche Bandwurmglieder oder ein längeres, deutlich gegliedertes Wurmende. Die meisten Spulwurmmittel sind gegen Bandwürmer unwirksam. Heute gibt es aber gut verträgliche und sicher wirkende Bandwurmmittel. Zur Bandwurmkur gehört stets eine Flohbehandlung von Hund und Lager.

Besonders bei Jagdhunden kann auch der „gesägte Bandwurm" auftreten, dessen Zwischenwirte Hasen und Kaninchen sind. Andere Bandwurmarten, die durch Fisch oder Wild, Rinder- und Schafeingeweide übertragen werden, kommen seltener vor. Dazu zählt der „dreigliedrige Bandwurm", der auch dem Menschen gefährlich werden kann. Der Hund sollte zur Vorbeuge keine rohen „Konfiskat"-Innereien erhalten und daran gehindert werden, Kadaver von Wildtieren aufzufressen. Für Menschen besonders gefährlich ist der in einigen Gegenden Süddeutschlands verbreitete „Fuchsbandwurm", der auch durch Hunde übertragen werden kann. Neben Bandwurmkuren ist es die beste Vorbeuge, den Hund im Wald und Flur anzuleinen.

Gefahren für die menschliche Gesundheit?

Impfungen und Wurmkuren schränken Ansteckungsgefahren ein. Hygiene tut ein Übriges: Selbstverständlich hat der Hund sein eigenes Lager und Futtergeschirr; beides ist peinlich sauber. Rasen und Wege werden von Hundekot freigehalten. Der Hund wird so erzogen, daß er das Gesicht nicht ableckt. Das Belecken der Hände ist Ausdruck seiner Zuneigung. Man darf sie dulden, denn man kann sich die Hände anschließend waschen. Vorsichtige können Lager, Hütte und andere hygienegefährdete Stellen und Gegenstände regelmäßig desinfizieren. Die Mittel sollen gegen Viren, Bakterien und Pilze wirken. Zur Schnelldesinfektion eignet sich ein „Desinsektspray", der auch Ektoparasiten abtötet. Besonders angezeigt sind solche Maßnahmen, wenn der Hund eiternde Wunden, Ekzeme, Furunkel oder eine Vorhaut-, Zahnfleisch- oder Mandelentzündung hat. Diese Infektionen sind konsequent zu behandeln. Eitererreger können auch beim Menschen Komplikationen verursachen. Vorsicht ist stets bei schlecht heilenden oder sich ausbreitenden Ekzemen geboten: Räudemilben sind zwar auf Tierarten „spezialisiert", können jedoch auch beim Menschen jukkende Hautrötungen verursachen. Hautpilzinfektionen sind auf Menschen übertragbar. Daher sollte man umgehend eine Spezialuntersuchung und Behandlung veranlassen. Pilzinfektionen entstehen beim

Menschen in der Regel nur, wenn sich die Erreger länger als 12 bis 24 Stunden auf der Haut einnisten können. Gründliches Waschen bannt die Gefahr. Zusätzliche Sicherheit bietet ein Handdesinfektionsmittel, das nach Berührung verdächtiger Stellen oder Ausscheidungen in die Hände eingerieben wird.

Allergien sind auch durch größte Sauberkeit nicht immer zu vermeiden. Einige Menschen reagieren bei Kontakt mit Tierhaaren und -hautteilen mit Ausschlägen oder Atembeschwerden. Katzen, Meerschweinchen und Vögel sind viel öfter als Hunde die Auslöser; viele andere pflanzliche und tierische Stoffe kommen hinzu. Die Allergieursache kann von einem Hautarzt durch Spezialtests auf der Haut ermittelt werden. Auf Verdacht braucht also kein Hund abgeschafft zu werden. Und vor der Anschaffung eines Bernhardiners brauchen auch gesundheitsbewußte Hundefreunde nicht zurückzuschrecken.

Karneval in Köln

93

AHNENTAFEL ausgefertigt und beglaubigt
vom St. Bernhards Klub e.V. Sitz in München

Im Verband für das Deutsche Hundewesen e.V. (VDH)
und der Fédération Cynologique Internat. (FCI)

Körtempel

M u s t e r

Der lang -haarige St.-Bernhards- Rüde
XXX XXXXX

C e n o   vom Vogelheim

geworfen am 6.März 1980

ist in das Zuchtbuch des Klubs eingetragen unter Nr. __38 770__

Farbe und Abzeichen: eg.Maske,durchg.Stirnstr.m.Punkt,brt.Halskr.,roter zerr.Mantel

nach dem lang -haarigen __Alf vom Vogelheim__ BZB 36 743

aus der lang -haarigen __Melina vom Haus Rainer__ BZB 37 137

Züchter: Herr Josef Maier, Heusteigstr. 21, 7921 Hermaringen

Usingen , am 2.Mai 1980

Für die Richtigkeit

Zuchtbuchführer

Züchter

Weitere Abstammung:

Väterliche Linie Großeltern	Urgroßeltern	Ur-Ur-Großeltern	
Valdo v. Hellenstein 32 198	Alf v. Lonequell 28 963	Kuno v.Hellenstein	27 468
		Dascha v.d.fr.Reichsstadt	27 021
	Olli v. Hellenstein 28 736	Kuno v.Hellenstein	27 468
		Asta v.Lerchenrain	27 030
Vroni v. Vogelheim 31 372	Arko v. Lonequell 28 965	Kuno v.Hellenstein	27 468
		Dascha v.d.fr.Reichsstadt	27 021
	Otti v. Vogelheim 28 611	Faust v.Roten Kreuz	25 597
		Ines v.Vogelheim	26 412
Mütterliche Linie			
Dieter v. Bussenberg 33 763	Droll v. Bruder Klaus 29 550	Kuno v.Hellenstein	27 468
		Beate v.Bruder Klaus	27 923
	Elvy v. Bruder Klaus 29 559	Fürst del Soccorso	28 908
		Assi v.d.fr.Reichsstadt	25 910
Asta v.d.fr. Reichsstadt 31 081	Donar v.d. Birkenlaube 29 261	Baldur v.Bruder Klaus	27 921
		Asta v.d.Birkenlaube	26 916
	Nanni v.d.Römer- schanze 29 155	BSg.Astor v.d.Birkenlaube	26 915
		Flotta v.d.fr.Reichsstadt	27 628

Letzter Wurf siehe Rückseite

94

Weiterführende Literatur aus dem Verlag Paul Parey, Hamburg und Berlin

Burtzik, P., 1984: Erziehung und Ausbildung des Hundes. 3. Auflage.
Fiedelmeier, L., 1983: Kauf, Pflege und Fütterung des Hundes. 3. Auflage.
Helbig, L., 1978: Der Welpe. 2. Auflage.
Huth, G., 1979: Hunde in der Stadt.
Kober, U., 1981: Pareys Hundebuch.
Poortvliet, R., 1987: Mein Hundebuch. 2. Auflage.
Quednau, F., 1987: Rechtskunde für Hundehalter.
Schmidtke, H.-O., 1984: Gesundheitsfibel für Hunde. 2. Auflage.
Weidt, H., 1989: Der Hund, mit dem wir leben: Verhalten und Wesen.
Ziegler-Stege, E., 1977: Fünf langhaarige Großhunde.

Anschriften, die Sie kennen sollten

Verband für das Deutsche Hundewesen e. V. (VDH)
Westfalendamm 174
4600 Dortmund 1

St.-Bernhards-Klub e. V.
Präsident: Wolfgang Schreiber
Veichtederpointweg 6
8300 Landshut
Tel. 08 71/4 24 05

Welpenvermittlung:
Annegret Splinter
Hoyaer Str. 11
2811 Martfeld
Tel.: 0 42 55/5 17
Günter Voss
Mauspfad 2
5090 Leverkusen-Manfort
Tel. 02 14/7 65 18

Weltunion des St.-Bernhard-Clubs
Präsident: Otmar Kuttenkeuler
Heideweg 36
5063 Overath 3
Tel.: 0 22 06/32 77